Herderbücherei

Band 527

Über das Buch

Wir leben in einem Zeitalter der Angst, sagen viele Psychologen. Ist es darum verwunderlich, daß die Kinder in besonderer Weise von Angst betroffen sind? Alle Eltern und Erzieher wissen um die Ängste ihrer Kinder: Angst vor der Schule, vor dem Vater, vor Klassenkameraden, vor Hexen, vor Hunden, vor dem Zahnarzt; Angst, in den Keller zu gehen, Angst, die Straße zu überqueren, Angst, alleine in einem Zimmer zu bleiben, Angst vor der Dunkelheit oder auch völlig unbestimmte Angst, ohne zu wissen wovor. Die Ängste sind vielfältig und haben vielerlei Gründe.
Müssen Kinder Angst haben? Dieser Frage geht der Autor dieses Taschenbuchs auf den Grund. Kinder können zwar nicht gänzlich vor der Angst bewahrt werden, jedoch müssen wir dafür sorgen, daß Angst nicht das beherrschende Gefühl des Kindes wird. Mit vielen beeindruckenden Beispielen aus seiner Beratungspraxis zeigt der Autor, wie Kinder möglichst angstfrei erzogen werden können.

Über den Autor

Walter Hemsing studierte Psychologie und Psychotherapie, Erziehungswissenschaft und Heilpädagogik an den Universitäten Bonn, Zürich, Wien und Leipzig. Nach seiner Promotion war er Hochschuldozent und Lehrer an den verschiedensten Schulen, Heimen und Anstalten.
Seit 1947 hat er in Aachen eine Praxis als Fachpsychologe. Er hat zahlreiche Rundfunkvorträge gehalten und ebenso viele Seminare für Eltern, Erzieher und Jugendliche durchgeführt. Die psychologische Briefberatung ist sein besonderes Anliegen.
Er ist Mitglied mehrerer Bundesgremien, Mitarbeiter wissenschaftlicher Fachlexika und Zeitschriften und erhielt für seine Bücher, die bisher in 7 Sprachen übersetzt wurden, mehrere Literaturpreise. Für sein Handbuch „Kinder- und Jugenderziehung" wurde ihm 1971 der Deutsche Literaturpreis für Pädagogik verliehen.

Walter Hemsing

Müssen Kinder Angst haben?

Herderbücherei

Originalausgabe
erstmals veröffentlicht als Herder-Taschenbuch
Umschlagfoto: Peter Keetmann, Bavaria-Verlag

Herder Freiburg · Basel · Wien
Freiburger Graphische Betriebe 1975
ISBN 3-451-07527-X

Inhalt

Vorwort

Die Frage, ob Kinder Angst haben müssen, läßt sich nicht einfach mit Ja oder Nein beantworten.

Die Angst ist im Leben des Menschen begründet, auch im Leben des Kindes. Wir können die Angst nicht aus der Welt schaffen. Wir können ein Kind auch nicht gänzlich bewahren vor der Angst.

Unsere Aufgabe ist es jedoch, darum besorgt zu sein, daß in der Vielfalt unserer Gefühle nicht die Angst das stärkste oder gar das alleinige Gefühl wird.

Die Angst darf keine Macht bekommen über alle anderen Gefühle. Die Angst darf unser Leben weder einzwängen noch blockieren. Das Leben darf durch die Angst nicht erstarren, es darf nicht verkümmern. Das gilt für ein Kind in besonderem Maße.

Inwieweit schon das Leben eines Kindes etwas eingeengt werden darf – um dadurch in eine bestimmte und beabsichtigte, weil sinnvolle Richtung zu gelangen –, das ist eine andere Frage. Wir werden uns auch mit diesem Problem befassen.

In den Beschreibungen meiner Praxisfälle sind sämtliche Namen und Ortsbezeichnungen von mir geändert worden. Ich verletze an keiner Stelle die mir auferlegte Schweigepflicht.

Aachen, im April 1975 Walter Hemsing

Was ist Angst?

In unserer Stadt wurde ich in einen neuen Kindergarten eingeladen. Als alle Kinder fröhlich heimgegangen waren, plauderte ich draußen noch mit dem Pfarrer, der stolz war auf seine Neuerrichtung. Da, auf einmal hörten wir einen entsetzlichen Schrei. Was war das? Eines der Kinder war eingeschlossen worden, und wir beeilten uns, es zu befreien.

Ich habe diesen gräßlichen Schrei noch heute in meinen Ohren. Es war kein übliches Kinderschreien, aus Zorn etwa oder gar aus Wut. Es war der Existenzschrei eines Menschen, der jäh erleben muß, daß er furchtbar allein ist, gänzlich verlassen von all den anderen, eingesperrt in einen engen Hof.

„Ich bin ganz alleine! Ihr habt mich vergessen!" Das wollte dieser erschütternde Schrei nach dem *Du*, nach dem Mitmenschen ausdrücken, ein Schrei der Lebensangst, der Existenzangst.

Der norwegische Maler *Edvard Munch* hat in seinem berühmten Gemälde „Der Schrei" (Nationalgalerie Oslo) die Angst eines Menschen ausdrucksvoller dargestellt, als umschreibende Worte es vermögen. „Warum hilft mir keiner? Warum verlaßt ihr mich alle? Ich bin kopflos geworden vor Angst! Ich weiß keinen Ausweg mehr! Wie soll es weitergehen mit mir? Ich verliere vor Angst meinen Verstand!" So schreit dieses Mädchen in eine Landschaft hinein, in der es nicht mehr beheimatet ist, hinaus in eine Welt, die ihm leer, kahl und inhaltslos erscheint. Dieses Mädchen fühlt sich völlig isoliert und verlassen.

Oder hat der Maler den „lautlosen Schrei vor Angst" dargestellt? Bleibt der Schrei aus diesem fahlen Antlitz, aus dem jegliche Gesichtsfarbe gewichen ist, im Halse stecken, obgleich der Mund so weit aufgerissen ist? Denn Angst ist zumeist *lautlos*.

Jeder ehemalige Frontsoldat weiß wie ich, wie entsetzlich bei einem Gegenangriff des Feindes die Angst sein kann (und daß einer vor Angst „Schiß in der Hose" hat, ist wörtlich zu verstehen).

Edvard Munch (1863–1944): *Der Schrei.* Litho. 1895. (Bildarchiv Herder).

Bei einer Offensive wird die eigene Angst überspielt. Denn im *Angriff* ist einer sehr aktiv. Er läuft, er rennt, er besitzt eine Stoßkraft. Er wird von den anderen mitgerissen. Jeder Schritt vorwärts *aktiviert* ihn mehr, und selbst das Hinstürzen verwundeter Nebenmänner läßt eine Angst gar nicht erst aufkommen. Er stürmt *nach vorn* (schließlich heißt es „Sturmangriff"!), und dabei begleiteten ihn früher auch noch schrille Fanfarenstöße, die seine Angst „übertönen" sollten. Rhythmische Trommelwirbel ertönten im Takt seines Laufschrittes. Vorwärts!

In der Defensive dagegen muß einer in seiner Stellung, in seinem Erdloch verbleiben. Denn in der *Verteidigung* muß einer abwarten, was auf ihn zukommt. Er muß die Feinde auf sich zulaufen lassen, er ist ihnen ausgeliefert. Er darf nicht rückwärts gehen, nicht fortlaufen, nicht fliehen, womit er sein „nacktes Leben" ja retten könnte. Er muß *passiv bleiben,* obwohl der Feind näher und näher kommt. Dabei muß er sich noch äußerst still verhalten. Er muß verharren – und fühlt sich dem Tode ausgeliefert.

Hier wird also eine äußerst intensive Überwindung von – völlig natürlichen! – Triebkräften verlangt. „Sei kein Angsthase, Mensch!" So sagt der Nebenmann. Wieso? Ein Hase hätte sich in einer solchen Situation genau richtig verhalten: er wäre fortgelaufen, so schnell er kann.

Das „Warten auf die Angst" und das „Ertragen-Müssen der Angst" sind für den Menschen ein unerträglicher Zustand. Für *jeden* Menschen?

„Graf Richard von der Normandie
erschrak in seinem Leben nie"

So beginnt die Ballade „Graf Richard Ohnefurcht" von *Ludwig Uhland,* die in unseren Schulbüchern stand. Ein leuchtendes Vorbild also für unsere Schuljugend, dieser „Ritter ohne Furcht und Schrecken"? Freilich, der unerschrockene Mensch bleibt auch in der größten und unmittelbarsten Gefahr ruhig und sicher. Oder *erscheint* er nur so gelassen, so „eiskalt"? Sicherlich ist es ein Erfolg der Selbstbeherrschung, sich „nicht so leicht bange machen zu lassen".

Wer aber gar keine Angst hat, in keiner einzigen Situation, der muß mehr oder weniger „dumm" sein. Ich sehe in der Fähigkeit, Angst zu haben, nämlich eine Art von „Intelligenzbeweis". Bei abnehmender Intelligenz nimmt auch die Fähigkeit ab, Angst zu haben. (Als Lehrer an Sonderschulen für geistig zurückgebliebene

Kinder habe ich das deutlich feststellen können.) Ich möchte das im einzelnen darlegen:

- Der Dumme *sieht* gar nicht, daß sein Leben gefährdet ist. Schon seine bloße sinnliche Wahrnehmung (das Sehen und vor allem auch das Hören) kann bei ihm also mangelhaft sein.
- Er *begreift* verstandesmäßig gar nicht, daß er sich in einer Angstsituation befindet. (Er *kennt* diese Situation nicht, er kann sie also auch nicht wieder-*erkennen.*)
- Erst recht ist er unfähig, die Zusammenhänge gedanklich zu *erfassen.*
- Er ist nicht einmal fähig, aus Erfahrung zu *lernen.* („Gebranntes Kind scheut Feuer", sagt man. Aber das gilt nicht für *jedes* Kind!)

Intelligenz heißt im Grunde nicht mehr und nicht weniger als *Anpassungsfähigkeit.* Der intelligente Mensch reagiert auf eine Angstsituation dadurch, daß er den *Angstbereich verläßt:* er flieht. „Ich mache eine Fliege", sagt ein Schüler sehr treffend, wenn es für ihn „zu brenzlig" wird. „Ich verdünnisiere mich", sagt ein anderer ebenso richtig, macht sich klein wie eine kluge Maus und sucht sich ein Loch, um zurück ins Freie zu gelangen, wo er sich wohlfühlen kann.

Das Wort *Angst* (lateinisch *angustus* = eng) bedeutet *Beengtheit.* „Mir wurde angst und bange", sagt einer. Er meint ein und dasselbe, denn *bange* heißt nichts anderes als *beengt.*

„Ich fühlte mich *in die Enge getrieben.* Es war schrecklich." So sagt jemand. Wo *beginnt* diese Enge?

Ich habe festgestellt, daß jedes Lebewesen einen natürlichen *Fluchtkreis* hat. Er beträgt bei einem Reh an die 30 Meter, bei einer Fliege nur ein paar Zentimeter. Der erwachsene Mensch hat einen Fluchtkreis von wenigen Metern. Nicht von ungefähr heißt es in den Militärdienstvorschriften aller Länder: „Bleiben Sie mir drei Schritt vom Leibe." Wenn einer noch näher kommen sollte, so wird das als Bedrohung angesehen!

Eine Schülerin sitzt auf einer Parkbank. Ein fremder Mann nähert sich ihr. Wenn er fünf Schritt entfernt ist, bleibt sie noch sitzen. Nähert er sich aber bis auf drei Schritt, so steht sie auf und geht. Ein spielendes Kind im Sandkasten verhält sich ebenso. Es fühlt sich bedroht, wenn ein fremdes Kind ihm *zu nahe kommt.* Es zieht sich zurück. Das braucht noch gar nicht mit Angst verbunden zu sein. Es ist eine Art von *Schutzfunktion.*

Wenn es aber nicht durchführbar ist, sich in Sicherheit zu bringen, wenn es einem gar verwehrt wird, einer gefahrdrohenden

Situation auszuweichen, so kann das *Gefühl des Beengtseins* entstehen.

Diese Beengtheit wird vor allem *in der Brust gespürt.* Es ist so, als ob einem die *Luft zum Atmen genommen* wäre und damit die Möglichkeit, unbeengt zu leben und sich frei zu entfalten. „Mein Mund war wie ausgetrocknet. Ich konnte nicht mehr schlucken. Ich war unfähig zu atmen."

Denn unser Leben ist auf Erweiterung gerichtet, auf freie Entfaltung. Dieser natürliche Lebensdrang erfährt plötzlich eine *Drosselung.* „Es war mir, als sei meine Kehle zugeschnürt, als würde ich erwürgt." (Die ursprüngliche Bedeutung des Wortes Angst im Lateinischen hat die des Strangulierens!) Es ist, als ob einem durch fremden Zugriff *der Hals zugehalten* würde.

Wer zu beengt ist, wer nicht mehr atmen kann, der kann nicht mehr leben. Angst ist im Grunde immer Todesangst! Es bleibt nicht aus, daß dieser Zustand eine große *Erregung* bewirkt, die in heftiger *Unruhe* zum Ausdruck kommt. Der Puls wird beschleunigt, das Herz schlägt schneller. „Mein Herz klopfte laut vor Angst. Meine Pulse flogen."

Der *Blutdruck* steigt. Kalter Schweiß steht auf der Stirn, die Handflächen schwitzen. Weitere körperliche Folgen dieses Zustandes können Übelkeit, Erbrechen, Harndrang und jäher Durchfall sein.

Der Muskeltonus steigt an. Die generalisierte Erhöhung der *Muskelspannung* beeinträchtigt die Koordination der Körperbewegungen. „Ich war wie erstarrt. Ich stand da plötzlich wie angewurzelt. Ich war *bewegungsunfähig.* Meine Beine versagten mir den Dienst." Solche Schilderungen machen deutlich, wie heftig die *Hilflosigkeit* sein kann, die durch die Angst verursacht wird.

Auch die *geistige Konzentration* wird durch die Angst beeinträchtigt. „Ich konnte keinen einzigen klaren Gedanken mehr fassen." Das leichte Fließen der Assoziationen wird beeinträchtigt. Die Gedanken folgen nicht mehr kontinuierlich aufeinander.

Sogar die *Beobachtungsfähigkeit* und das Registrieren von Wahrnehmungen und Eindrücken wird beeinträchtigt. „Ich sah nur noch den schrecklichen Abgrund, der sich dicht vor mir auftat, aber eigentlich sah ich gar nichts mehr, vor allem nicht, was neben mir und was hinter mir war."

„Es war mir, als hätte ich den *Verstand verloren.*" Tatsächlich kann die Angst zum *Verlust des Nachdenkens* führen. Wer sonst folgerichtig denkt, ist jetzt plötzlich unfähig, zu denken, zu urteilen – und erst recht, nach erfolgter Erkenntnis eine Entscheidung zu treffen. Er ist *verwirrt*. Er ist *ratlos*. Er wird dadurch *hilflos*.

„Was soll ich bloß tun?" So fragt sich einer, der sonst sehr gut weiß, wie er sich verhalten soll. Denn sogar der *Wille* kann *wie blockiert* sein durch die Angst. Es ist, als habe er die Willensfähigkeit, sich selbst zu behaupten, sich durchzusetzen – sich auf seine Weise zu verwirklichen auch(!) –, verloren. „Ich hatte sogar das letzte Stück Willen verloren, das zum Weiterleben gehört. Ich fühlte mich rettungslos preisgegeben."

„Mir schwanden vor Angst die Sinne." Tatsächlich kann einer vor Angst „ohnmächtig" werden: er *verliert das Bewußtsein*.

In der Fachliteratur gibt es viele Versuche, den Begriff der Angst wissenschaftlich zu definieren. Solche Definitionen sind allesamt an Gelehrtenpulten entstanden, fernab von echten Ängsten. Ich bin der Auffassung, daß kein noch so einfühlungsfähiger Therapeut die schweren Angstzustände eines Patienten ganz nachempfinden kann (und ein bloßer Diagnostiker schon gar nicht!). Zudem ist es sicherlich so, daß jeder „seine Angst" erlebt, daß jede Angst *anders* ist.

Aus Kindermund habe ich noch nie eine Beschreibung von Angstzuständen erhalten. Das liegt aber auch daran, daß ich absichtlich nicht danach frage. Wozu auch? Wer *heilen* will, muß sich bemühen, *seelische Wunden zu schließen*, sie aber nicht erneut aufzubrechen.

Von heranwachsenden jungen Menschen aber habe ich *Bekenntnisse über ihre Ängste* erhalten.

Julia, 17 Jahre, Oberschülerin, schilderte mir von sich aus ihre schweren Angstneurosen so:

„Es ist gar nicht so, als ob *ich* es wäre, die so schreckliche Angst bekommt, sondern *die Angst überkommt mich*. Es ist so, als ob etwas gänzlich Unbekanntes auf mich zukommt und *mich überwältigen* will. Es ist etwas, das ich nicht greifen kann, es ist *unangreifbar*. Es gibt keine Möglichkeit des Auswegs, keine Abhilfe. Das ist das Entsetzliche der Angst."

Manfred, 16 Jahre, Gymnasiast (und bereits Schüler der Pianistenklasse einer Musikfachschule), litt unter Angstphobien, als er dies für mich niederschrieb:

„Das Grauenhafte der Angst liegt darin, daß sie immer ganz plötzlich kommt, ganz unerwartet. Sie trifft mich völlig unvorbereitet. Sie ist *wie ein böses Untier*. Ich weiß wohl, daß es dieses

Untier gibt, aber ich rechne nicht damit, daß es noch einmal wiederkommt, so nahe und so dicht auf mich zu, *so qualvoll bedrohend.* Ich kann meiner Angst nicht entrinnen, sie ist *unabwendbar.*"

Marlen, 19 Jahre, Kunststudentin, schrieb mir:

„Angst ist alles andere als eine schöne Luxusangst. Die völlige Gelähmtheit aller Glieder ist nicht die Ursache der Angst, auch nicht deren Folge. Es ist auch nicht eine Sache nur von seelischen Gefühlen. Nein, die *Angst packt den ganzen Menschen:* sie *hat* den Menschen, sie *hat von ihm Besitz ergriffen.* Es ist eine völlig ausweglose Existenz, das ‚In-der-Angst-Sein', das ‚In-der-Angst-leben-Müssen'."

Angst und Furcht

Das Wort *Furcht* wird in doppelter Bedeutung gebraucht. „Ich fürchte mich vor meinem Vater." Wer so spricht, drückt dadurch das „Sich-selber-Fürchten" aus.

„Ich fürchte das Schlimmste", sagt eine Ehefrau, deren Mann sterbenskrank ist. Eine Befürchtung kann man also auch *für andere Menschen* haben, sogar für Gegenstände. „Ich fürchte, daß der nächtliche Sturm unser Boot fortreißt." – „Ich fürchte, daß ich meinen verlorenen Ring nie wiederbekomme."

Mein Leipziger Lehrer *Philipp Lersch,* der Senior der deutschen Psychologie, machte hierzu sehr feinsinnige Ausführungen:

„Im vulgären Sprachgebrauch figurieren *Furcht* und *Angst* als bedeutungsgleich. In der Begriffsbestimmung der wissenschaftlichen Psychologie müssen sie jedoch auseinandergehalten werden. Denn die Angst ist – genau genommen – keine Gefühlsregung, sondern eine stationäre Gestimmtheit und als solche gegenstandslos. Die Angst weiß nicht, wovor sie sich ängstigt. Die Furcht aber hat immer einen Gegenstand, der entweder sinnlich gegenwärtig ist oder in der Vorstellung vergegenwärtigt wird. Daß dieser Gegenstand als etwas Bedrohendes erlebt wird, macht die gegenständliche Qual der Furcht aus."[1]

Ich bin allerdings der Auffassung, daß hinter der Furcht eine *positive* Beziehung zu der Person steht, vor der man sich fürchtet.

---

[1] Ph. Lersch, Aufbau der Person, München 1955.

Wenn eine heranwachsende Tochter zu ihrer Freundin sagt, sie fürchte sich manchmal vor ihrem Vater, so steckt dahinter auch die Anerkennung und sogar die Achtung vor dem Vater. Die Tochter weiß recht gut, was sie tun soll und was sie unterlassen sollte, um die Anweisungen des Vaters zu befolgen, um ihn nicht zu verärgern, um ihm schließlich auch ihre Liebe zu beweisen, ihren Dank auch für alles, was der Vater Gutes für sie tut. Von „dauernder Angst" ist hier wohlgemerkt überhaupt nicht die Rede!

„Ich fürchte *um* das Leben meines Freundes, weil er die Eigernordwand besteigen will", sagt eine Jugendliche. Bei Hochwasser fürchten die Anwohner des Oberdorfes *um* die Häuser unten am Flußufer, wobei ihre eigene Existenz durchaus gesichert ist.

Damit steht die Furcht in einer „sittlichen Werteskala" des Menschen *höher* als die Angst. Das eigene Leben ist *nicht* bedroht, wenn man um das Leben *anderer* fürchtet. Die „Qual der Furcht" *(Ph. Lersch)* ist hier also ein Gefühl von besonderem *Sozialwert!*

Ähnlich dürfte es bei der *Gottesfurcht* der Menschen des Alten Testamentes gewesen sein. Die Israeliten fürchteten Gott und seine Allmacht. Sie liebten Gott aber ebenso, weil er gut zu ihnen war und sie in seiner großen Güte sogar in ein Land führte, das besonders gelobt wurde. Dafür erwartete Gott, daß seine Zehn Gebote befolgt wurden. Nur wer diese nicht befolgte, hatte Strafen zu befürchten.

Ist es nicht bei der ebengenannten Tochter von heute ganz ähnlich? Auch dann, wenn der Vater sehr viel mehr von seiner Tochter erwartet als das selbstverständliche Befolgen von nur „zehn Geboten"?!

„Fromm und gottesfürchtig" lebten die Menschen früherer Zeiten, und daher waren sie „glücklich und zufrieden", wie es in den alten Hausbüchern heißt. Von „Angst" ist da nirgendwo etwas zu lesen! Eltern, die in der Taufe ihrem Sohn den Namen „Gottfried" gaben, mußten wohl den innigen Wunsch haben, ihr Kind schon dadurch vor möglichen Strafen Gottes zu bewahren, daß sein Vorname ihn dauernd an ein Leben *ohne* Furcht vor Gott erinnere (und auch ermahne!). Die damaligen Vornamen „Gottlieb" und sogar „Gottlob" drückten das ja noch deutlicher aus.

Wenn früher einer sagte, er sei „in der Furcht des Herrn" erzogen worden, so meinte er damit eine zwar strenge, aber sehr gerechte, im Grunde gütige, sogar wohlwollende, nachsichtige und fürsorgende Erziehung. Zum Glück sind die Menschen, die von sich so sprechen, noch längst nicht ausgestorben. Sie meinen einen solchen Ausspruch nicht nur in bezug auf ihre Kinderzeit, sondern insbesondere auf die Schulzeit und die Jahre der Ausbildung.

Jungen Menschen von heute sollte das Glück zuteil werden, nicht ganz ohne solche „Furcht“ aufzuwachsen, damit sie zu ihrer echten Selbstverwirklichung und Persönlichkeitsentfaltung gelangen können.

Denn die Furcht ist im Leben des Menschen *sinnvoll,* in besonderem Maße sogar.

Wie versuchen wir, uns gegen die Angst zu wehren?

Drei Schulkinder haben sich in den Sommerferien eine „geheimnisvolle Höhle“ gebaut. Der Eingang zur Höhle bricht zusammen, es gibt keinen Ausweg. Die Kinder schreien laut um Hilfe. Niemand hört sie. Im Innern der Höhle ist Raum genug zum Atmen. Die Kinder haben für ihre Spiele Vorräte an Gebäck und Süßigkeiten angelegt. Es gibt sogar etwas Wasser. Als die Kinder schließlich am dritten Tag entdeckt und befreit werden, ist ein Junge tot. „Er hatte die allermeiste Angst. Er ist vor Angst gestorben“, hieß es.

„Die Angst hat ihn getötet.“ So hieß die Überschrift in der Tageszeitung. Das war sicherlich falsch: Seine Reaktionsweise auf *seine* Angst kann zu seinem Tod, zum Versagen seines Herzens, geführt haben. Vielleicht hat er sich innerlich überhaupt nicht gewehrt gegen seine Angst. Vielleicht hatte er zu wenig Lebensmut. Die beiden anderen haben immerzu zuversichtlich gesagt: „Wir kommen hier wieder heraus, das wollen wir doch mal sehen.“ Vielleicht sah *er* keinerlei Überlebenschancen mehr und hat vorzeitig aufgegeben? Vielleicht war er *zur Ängstlichkeit disponiert?*

Jeder Mensch *reagiert* auf die „Begegnung mit der Angst“, aber jeder reagiert *anders*. Je öfter die Angst auf ihn zukommt, um so mehr gelangt der Mensch zu *Abwehrmaßnahmen*, wie sie in allen Notsituationen üblich sind. (Wer kalte Füße hat, der drängt ans wärmende Feuer. Wer einer Wespe begegnet, der läuft weg oder vertreibt sie, um ihrem Giftstachel zu entgehen. Wenn sich eine Mücke auf seine Hand setzt, so schlägt er sie tot, bevor sie ihren Saugrüssel in seine Haut senkt, um ihn zu stechen und sein Blut zu saugen.) Wer „allein auf weiter Flur“ ist, der sucht Anschluß und Hilfe beim nächsten Wanderer.

Die wissenschaftliche Psychologie hat eine beträchtliche Anzahl solcher Abwehrmaßnahmen gegen die Angst herausgestellt. Mein Wiener Lehrer *S. Freud* nannte sie *Abwehrmechanismen* und stellte anfänglich neun verschiedene heraus. Heute spricht man – rein theoretisch – von etwa zwanzig solcher Mechanismen.

Diese Abwehrmechanismen sind sinnvolle und sogar „notwendige“ Funktionen. Denn mit ihrer Hilfe möchten wir ja tatsächlich „eine Not abwenden“.

Es gibt Wissenschaftler, die noch weitergehen und sagen: „Es ist zweifelhaft, ob sich jemand ohne sie zu einem produktiven, sozial angepaßten Erwachsenen entwickeln könnte.“[1]

Ich möchte die Abwehrmechanismen gegen die Angst, die ich für die wichtigsten halte – wichtig insbesondere in bezug auf das Verhalten von Kindern und Jugendlichen –, beschreiben.

Die Vermeidung

Brigitte, 4 Jahre, ist auf dem Kinderspielplatz von einem anderen Kind geschlagen worden. Der Junge bewarf sie mit Sand und schlug sie schließlich mit ihrer eigenen Schaufel fest auf den Kopf. Sie hat sich nicht gewehrt, nahm aber sofort ihr Spielzeug und ging heim. Der Mutter hat sie davon gar nichts erzählt. Seitdem geht sie wohl noch auf ihren geliebten Spielplatz, aber sobald sie diesen Jungen sieht, macht sie einen großen Bogen um ihn und geht nach Hause.

Das ist ein völlig normales Verhalten eines vernünftigen Kleinkindes (und es wäre müßig, jetzt darüber zu diskutieren, ob es nicht „besser“ gewesen wäre, die Kleine hätte das sofort ihrer Mutter berichtet, diese wäre dann empört mitgegangen auf den Spielplatz, hätte den fremden „Lümmel“ zurechtgewiesen, sich womöglich nach seiner Adresse erkundigt und sich bei dessen Mutter beschwert, die den Jungen dann dafür bestraft hätte. So etwas gibt nur „böses Blut“! Aggressivitäten des Jungen wären dadurch noch mehr heraufbeschworen worden).

Brigitte ist einmal mit einem Kettenkarussell gefahren. Sie hatte sehr viel Angst, obwohl sie ja auf dem kleinen Sesselchen schön festgebunden wurde und nicht herunterfallen konnte. Sie klammerte sich mit beiden Händchen an die wackligen Ketten und schrie erbärmlich, aber sie konnte während der sausenden Fahrt ja nicht heraus aus diesem schwebenden und sich drehenden kleinen Gefängnis, und hernach war sie kreidebleich und mußte sich mehrfach erbrechen. Seitdem geht sie nie mehr auf ein Karussell

[1] E. Levitt, The Psychology of Anxiety, Indianapolis 1967. Deutsche Übersetzung: Die Psychologie der Angst, Stuttgart 1973.

und schaut von unten zu, wie andere Kinder sich da oben drehen. Dabei ist sie durchaus fröhlich und guter Dinge.

Solche Naturen gibt es viel mehr, als man meint. Ich habe Freunde und Bekannte, Frauen und auch Männer, die seit derartigen Kindheitserlebnissen nie mehr auf ein Karussell, eine Achterbahn, eine Schiffschaukel, ein Riesenrad gegangen sind.

Wer Angst hat vor einem Hunde, der *meidet* das Zusammentreffen mit ihm. Wer Angst davor hat, mit dem Flugzeug zu fliegen, der fährt mit dem Auto, mit der Bahn, per Schiff. Wer Angst davor hat, mit einem Fahrstuhl zu fahren, der geht zu Fuß bis ins oberste Stockwerk (und in den 39. Stock eines Hochhauses begibt er sich überhaupt nicht, selbst dann, wenn dort Bekannte eingezogen sind). Wer Angst davor hat, mit einer Seilbahn zu fahren, der bleibt vom Gipfel des Berges weg. Der *enthält* sich des vielgepriesenen Erlebnisses einer Fernsicht.

Denn *vermeiden* heißt auch *verzichten* – eine durchaus vernunftgemäße und oft sogar sinnvolle Reaktionsweise. Verzichten heißt oftmals auch *entsagen*. „Ich *weiß*, daß ich große Angst bekäme, daß mir nicht wohl dabei wäre, daß ich darunter leiden müßte – also *unterlasse* ich es."

Die Vermeidung erfolgt hier *bewußt* und sogar sehr entschieden. „Ich bin überzeugt davon, daß es so für mich besser ist. Man kann eine Situation der Angst „geflissentlich umgehen". Bei einem Kinde mag das nicht so deutlich in Erscheinung treten. Ein besinnliches und nachdenkliches Kind, das auf seine Weise *auf seinen Selbstschutz bedacht* ist, kann sich das Vermeiden aber sehr wohl bereits zu einer „festen Gewohnheit" gemacht haben.

Die Vermeidung angsterregender Umstände kann aber auch *unbewußt* erfolgen:

Hänschen, 4 Jahre, ist nie auf die Straße zum Spielen gegangen, obwohl er doch in einer polizeilich deklarierten „Kinderspielstraße" wohnt. Er hat die Begegnung mit anderen Kindern gemieden. „Ich bin mir über die Ursache nicht klar", sagt die Mutter, „ich glaube, er hat immer große Angst vor anderen." – „Es ist schon beinahe *unsozial,* wie mein Sohn sich benimmt, aber ich habe keine Handhabe, es zu ändern." So drückte sich sein Vater als Polizeibeamter aus.

Tatsächlich kann der wahre Beweggrund des Vermeidens letztlich „sozial unannehmbar" sein. Es kann keinem Mitmenschen zugemutet werden, ein solches Verhalten einfach hinzunehmen. Aus dem *Hänschen* ist inzwischen ein *Hans* geworden. Er wurde in seiner Schulklasse ein Außenseiter und Eigenbrötler, ein Sonderling. Wenn die Mitschüler etwas unternahmen – bei dem man schließlich seinen Mut beweisen sollte und seine Angst zu überwinden hatte –, blieb er fern. Er hielt sich immer *abseits*. Wenn es gar nicht zu umgehen war, daß er sich auch einmal auf einer Schülerparty „sehen lassen“ mußte, so brach er vorzeitig auf – und störte damit die Fröhlichkeit der anderen.

Seine *Kontaktangst* wurde zur *Lebensangst*. Bis heute hat er in der Gesellschaft eigentlich immer nur gestört und empfindet jetzt seine *Lebensuntüchtigkeit*.

Wenn jemand nicht Rollschuh laufen, Fahrrad fahren oder Ski laufen will, so wird seine *soziale Anpassung* dadurch nicht beeinträchtigt. Wenn einer den „Mechanismus der Vermeidung“ seiner Ängste aber zu sehr übertreibt, kann es zu erheblichen *Anpassungsstörungen* kommen.

Es gibt Kinder, die sich *anders* verhalten als die kleine *Brigitte*. Wer von *einem* schwarzhaarigen, vitalen und lebhaften Söhnchen eines italienischen Gastarbeiters *einmal* geschlagen wurde, kann Angst bekommen vor *allen* Gastarbeiterkindern, vor allen Schwarzhaarigen, vor allen Knaben überhaupt.

Wer wie *Hänschen* Angst hat, auf *einer* Straße zu spielen, kann schließlich Angst davor haben, überhaupt aus dem Hause zu gehen. Er wählt sich später sogar einen Beruf aus, den er im eigenen Hause ausüben kann. Dabei handelt es sich gar nicht um ein freies „Erwählen“, sondern um eine *Selbstbeschränkung aus Unfähigkeit,* aus „krankhafter Angst“ sozusagen.

Diese Form der maßlos übertriebenen Vermeidung kann einen jungen Menschen schwer behindern. Sie kann ihn ausgesprochen *unsozial* – und sogar *sozialfeindlich* machen.

Hans hat in seinem Hause (im Hause seiner Eltern, denn er blieb ledig) ein Zeitungsausschnittbüro errichtet, ohne Sekretärin. Er beschäftigt sich damit, Wirtschaftsnachrichten aus den überregionalen Tageszeitungen auszuschneiden und sie im Abonnement an Industriefirmen zu versenden. Das ist ein durchaus einträgliches Gewerbe (denn die großen Firmen nehmen einen solchen Nachrichtendienst eines auf seine Weise so übergenauen Mannes gern an), bleibt aber ohne jeden Kontakt mit Menschen. *Hans* traut aus Angst und Mißtrauen keinem einzigen Mitmenschen mehr. Aus Angst, es könnte ihm einer sein Gewerbe durchschauen und seine Kundenadressen stehlen, verschließt er sogar seine Mülltonne vor seinem Hause mit einem Vorhängeschloß.

Sabine war 5 Jahre, als die kinderlose Nachbarsfrau ihr einen Roller schenkte, den das Kind sich so sehr gewünscht hatte. Die Mutter ließ sie damit aber nicht auf die Straße. *Sabine* war als Frühgeburt zur Welt gekommen und immer sehr zart geblieben. Freilich war sie von der besorgten Mutter, die vorher zwei Totgeburten hatte, auch sehr behütet worden. *Sabine* stellte sich im Zimmer am Fenster auf ihren neuen Roller und fuhr immer auf dem Teppich hin und her. Sie durfte später nicht Rollschuh laufen und nicht Fahrrad fahren. Die Mutter hatte immer Angst, ihrem einzigen Kinde könnte etwas zustoßen.

Sabine ist trotzdem auf ihre Weise zur Persönlichkeitsentwicklung gelangt. In der Schule wich sie immer den großen Jungen aus, die ihr die Schultasche aus der Hand reißen wollten und im Winter mit Schneebällen warfen. In der Schulpause stand sie in einer Ecke des Schulhofes, damit die wild herumlaufenden Kinder sie nicht umstießen und ihr dabei das Butterbrot nicht aus der Hand fiel.

Sabines Klasse machte einen Landschulaufenthalt. Die Mädchen veranstalteten ein „Kriegsspiel" gegen die Klasse einer anderen Mädchenschule. *Sabine* erklärte, sie wolle die „Saalwache" übernehmen, ein wichtiges Amt schließlich. Zu diesem Zweck schloß sie vorsichtshalber den Schlafsaal von innen ab, damit kein „Feind" eindringen konnte. Aus dem Fenster sah sie zu, wie die Mädchen sich da unten zerzausten und verprügelten, um „im Endkampf" den Wimpel der feindlichen Partei zu erobern. Für *Sabine* war es durchaus sinnvoll, Angst zu vermeiden!

Sabine wurde Sekretärin eines Privatgelehrten. Sie war äußerst tüchtig in ihrer seriösen und feinsinnigen, ihrer zurückhaltenden und abwartenden, ihrer umsichtigen und vorsichtigen Art – und in ihrer besonderen Fähigkeit, lauten Gefahren behutsam aus dem Wege zu gehen. Ihre Fähigkeit, sich selbst zu bewahren, weitete sich aus zu ihrer speziellen Berufsqualifikation, Gefahren auch von ihrem gleichfalls feingeistigen und sensitiven Chef abzuwenden – und ihn abzuschirmen gegen Bedrängnisse von außen. Sie arbeitete mit ihm im Berner Oberland, lernte dort Ski laufen und wurde gar eine „kühne" Läuferin (die einmal, zwar aus Versehen, aber gekonnt, das Lauberhorn hinunterfuhr, eine sehr schwierige Abfahrtsstrecke nur für Herren!). Sie lernte in einem Privatbad schwimmen und schwamm dann auch in Sportbädern, wobei sie um Sprungtürme und alle „rasanten" Sportschwimmer einen großen Bogen machte.

Wer in einem Treibhaus aufwachsen muß, kann super-empfindlich werden – und lebensuntüchtig bleiben. Die erste „rauhe Luft" kann ihn zugrunde richten. Es kann aber auch sein, daß ein Mensch sich am wohlsten fühlt „in einem ständig gemäßigten Klima", das seiner körperlichen Konstitution und seiner seelischen Verfassung entspricht. Er tut gut daran, Angstsituationen *von sich fern zu halten. Sabine* (die ich seit vielen Jahren sehr gut kenne und schätze) ist ein Beweis dafür.

Marie war noch keine 3 Jahre alt, als ihre Eltern in eine andere Mietswohnung umzogen. Die nichtsahnende Mutter schickte ihre Kleine gleich mal zum Spielen in den schönen kleinen Hof hinter dem Hause. Denn es war ihr noch nicht bekannt, daß der Hausbesitzer allen Kindern strikt verboten hatte, sich dort aufzuhalten. Die Hausbesitzersfrau jagte bedenkenlos ihren großen Hund, einen Boxer, auf das arglose Kind los. Die Mutter mußte vom Balkon aus zusehen, wie der Hund auf Marie losging, sie laut anbellte, bis Marie vor Angst in der äußersten Hofecke stand, beide Ärmchen angstvoll hochhaltend, kreidebleich. Damit gab sich der Hund offenbar zufrieden, jedenfalls biß er nicht zu. Die Mutter eilte hinunter. Marie stand immer noch wie erstarrt da.

Das ist 29 Jahre her, aber Marie hat seitdem eine heillose Angst vor jedem Hund. Im väterlichen Betrieb ist sie seit Jahren Dynamitfahrerin. Man sieht es dem kleinen Persönchen nicht an, daß es übergroße Fernlaster mit Anhänger durch halb Europa fährt. Alle Autofahrer machen einen Bogen um ihren LKW, der hinten das Schild hat: „Vorsicht! Dynamit!" Durch Holland darf sie nur mit Polizeischutz (vier Motorräder!) fahren. Sie muß sehr couragiert auftreten können, muß mit männlichen Kollegen, in Steinbrüchen und Bergwerken eine rauhe Sprache sprechen. Sie muß im Führerhaus irgendwo ein paar Stunden schlafen, denn der beladene LKW darf nie alleine stehen bleiben. Sie muß bei Schnee und Kälte, bei Nacht und Nebel Reifenwechsel machen. Bei all dem hat sie keine Angst. Es macht ihr sogar Freude!

Ihre Hundeangst aber ist geblieben. Marie macht um jeden Hund einen großen Bogen. Sie geht schon 20 Meter vorher auf die andere Straßenseite, wenn sie einen Hund sieht. Sie geht in kein Urlaubshotel, in dem man Hunde erlaubt. Ihr Ehemann akzeptiert das, ihre beiden Söhne, 10 und 7 Jahre, wissen das. Warum auch nicht? Sie kann *mit der Hundeangst durchs Leben kommen.*

Eine solche *partielle Angstumgehung,* wie ich es nennen möchte, sollten wir viel mehr gelten lassen, als wir bisher bereit waren. „Deine Angst ist lächerlich! In der Beziehung bist du blöde!" Wer so spricht, verkennt die Bedeutung der Angstfähigkeit.

Ein junger Ehemann, begeisterter Bergwanderer, will seine junge Frau zwingen, mit ihm den Heilbronner Weg zu gehen, einen Höhenweg in den Allgäuer Alpen, der durchaus nicht „für jedermann völlig gefahrlos" ist, wie er behauptet. Wozu eigentlich? Wer nicht schwindelfrei ist, sollte davon verschont bleiben. Schließlich ist das Schwindelgefühl eine sinnvolle Fähigkeit, die vor Gefahren bewahren und damit Leben erhalten kann. Die Tastorgane der Fußsohlen melden dem Gehirn: „Wir haben festen Boden unter den Füßen. Wir stehen hier sehr sicher." Die optische Wahrnehmung dagegen lautet: „Dicht vor uns geht es in einen schrecklichen Abgrund hinunter!" Der Verstand entscheidet: „Also keinen einzigen Schritt weitergehen!" Wer wäre berechtigt, ein derart vorsichtiges Verhalten – das schier folgerichtig von Angstgefühlen begleitet ist! – mir nichts, dir nichts *ändern* zu wollen?

Das *Ausweichen vor Angstsituationen* ist in unserer Zeit – in der man immer bloß verlangt, daß jedermann sich „nach Kräften durchboxt" und seine Ellbogen gebraucht, ohne jedwede Zimperlichkeit und Zaghaftigkeit! – eine nicht zu unterschätzende Befähigung vieler Menschen, die sich halt *anders* verhalten als „die anderen". Diese Fähigkeit geht, wie ich feststellte, fast immer auf Erlebnisse und Erfahrungen der Kindheit zurück.

Die Verleugnung

Gerhard, 8 Jahre, verlor seinen älteren Bruder durch einen Unfall im Schulbus. Die ganze Familie hat seitdem unaussprechliche Angst vor Verkehrsunfällen, vor allem davor, daß auch *Gerhard* etwas zustoßen könnte. Als auch er zum Gymnasium kommt, soll er nicht mit dem Bus fahren. Der Junge ist ebenso ängstlich geworden wie seine Eltern, aber er sagt: „*Mir* kann so etwas nicht passieren."

Dieser Schüler kann es *nicht vermeiden,* in die Schule zu gehen, denn es gibt die gesetzliche Schulpflicht. Wir erkennen, daß man das Vermeiden als Abwehrmaßnahme der Angst nur in recht engen Lebensbereichen praktizieren kann. Es gibt Menschen, die ihre Zuflucht dann zum *Ableugnen* der Angst nehmen.

Dabei sind mehrere Grade der Angstabwehr möglich:

- „Ich habe gar keine Angst", sagt ein Kind. Das Verleugnen ist weitgehend ein *unbewußter* Vorgang. Auch ein älteres Kind merkt gar nicht, daß es etwas „in Abrede stellt", was ja in Wirklichkeit doch existiert: seine Angst nämlich.

- „Anderen stößt etwas zu, mir aber nicht", sagt ein anderes Kind. „Wenn *ich* in den Keller komme, sind gar keine garstigen Spinnen da." Kinder *tun* in ihrer Angst so, als ob drohende Gefahren für sie gar nicht existierten.
- „Ich werde es euch zeigen, daß ich gar keine Angst habe!" Das Kind geht lärmend in den Keller und tritt auf der Treppe besonders fest auf mit seinen Schuhen. Es schlägt die beiden Blecheimer, die es hinuntertragen soll, laut aufeinander, spricht vernehmbar vor sich hin oder singt.
- In der hintersten Gartenecke muß das Törchen noch abgeschlossen werden, obwohl es bereits dunkel ist. „Mutter, ich komme sofort zurück! Kannst du mich noch sehen?" Das Kind *tut* nur so, als ob es sich sicher fühle. Angesichts seiner Angst – erst kürzlich sind die Einbrecher nachts genau von dort aus ins Haus eingedrungen! – ist dies freilich nur eine „Schein-Sicherheit".

Ob die Verleugnung eine sinnvolle Art dauerhafter Angstabwehr ist, mag dahingestellt bleiben. Heute darf sich kaum jemand einbilden, er bleibe völlig verschont vor Einbruch, Raub und Mord, vor Bränden und Gasexplosionen in Wohnhäusern, erst recht vor Verkehrsunfällen. Es wäre sehr unklug, ein heranwachsendes Kind im Mechanismus des bloßen Verleugnens von Gefahren stehenbleiben zu lassen. Ich hielte es sogar für verantwortungslos, wollte man ein Kind immer nur vom Wissen um solche Gefährdungen seines Lebens verschonen.

„Nur ja nicht daran denken." Vielleicht ist ein solches Verhalten nur eine Art von Selbstbetrug. Freilich müßte ein Mensch von heute an sich selbst verzweifeln, wenn er Statistiken über den Unfalltod sammelte und sich errechnete, wie gering die Wahrscheinlichkeit seines Überlebens ist. Andererseits sollte niemand die Gefahren – und die damit verbundenen Ängste – in der Welt einfach leugnen.

Vor allem sollten wir unsere Kinder nicht noch darin bestärken, wenn sie dauernd sagen: „Mir kann gar nichts zustoßen." Für ihre *Erziehung zur Verkehrstüchtigkeit* wäre das sogar ein grober Unterlassungsfehler. Es ist ein Unterschied, ob man sorgsam verhütet, daß Ängste riesengroß vor die Seele eines Kindes treten (wie es geschehen muß, wenn Kinder die grauenhaftesten Fotos von Unfällen und Katastrophen in unseren Illustrierten sehen!), oder ob man sie törichterweise leugnet.

Wer ein Kind besänftigt, kann damit seine Angst abbauen. Das Problem der Angst wird aber nicht aus der Welt geschafft, wenn man die Angst verniedlicht. Ich bin sogar dafür, daß man seine Angst genügend ernst nimmt. Das sollte auch einem Kinde zugestanden werden.

Das *Vermeiden* und das *Verleugnen* als Abwehrmechanismen der Angst gehen oft ineinander über. Das gilt vor allem für Situationen, denen man nicht ausweichen, nicht entrinnen kann.

Die Verdrängung

Monika, 12 Jahre, war auf einer Bergwanderung, bekleidet nur mit Shorts und Turnhemdchen, ihren Eltern vorausgeeilt, um sich in einer verfallenen Holzhütte zu verschnaufen, als ein großer, stämmiger Bursche eintrat, angezogen nur mit einer langen Hose, die er vorn bereits geöffnet hatte und dann fallen ließ. Er streckte seinen behaarten Unterleib vor und zeigte *Monika* seinen erigierten Penis, sprach kein einziges Wort und grinste nur das Mädchen an, das kreidebleich vor Angst bis an die Rückwand der Hütte getreten war, starr vor Entsetzen. Der Bursche genoß offenbar den Angstzustand des Mädchens und begann zu onanieren, dabei immer auf das Mädchen stierend. *Monika* sah den fleischigen dicken Penis, sah den Samenerguß, sah die stierigen Blicke des Burschen, der sich dann auf einmal umdrehte und sie allein ließ. Kurz darauf trat die Mutter in die Hütte, die erst nach längerer Zeit aus den stammelnden Worten ihrer Tochter erfahren konnte, was passiert war.

Der Bursche wurde zur Anzeige gebracht. Eine Gegenüberstellung mit ihm vor dem Jugendgericht wurde *Monika* erspart.

Seitdem ging *Monika* nie mehr alleine fort, schon gar nicht dorthin, wo männliche Jugendliche sein konnten. „Du mußt nicht mehr daran denken. Du mußt es einfach vergessen", sagte die Mutter. „Du bildest dir auch viel dummes Zeug ein", sagte ihre Freundin, „so primitiv sind andere Männer überhaupt nicht, und die Jungen, die wir kennen, schon gar nicht." Solche gutgemeinten Ratschläge halfen ihr aber wenig. –

„Ich habe es *vergessen.*" Wenn einer so spricht, kann er sich nicht mehr daran erinnern, was er einmal mit seinen fünf Sinnen wahrgenommen hat. Frühere Bewußtseinsinhalte sind aus dem Gedächtnis entschwunden, so daß sie nicht mehr ins Bewußtsein zurückgerufen werden können.

Verdrängen aber ist etwas ganz anderes als *Vergessen.* Heftige Angsterlebnisse können derart intensiv sein, daß man sie nicht vergessen kann. Die meisten Menschen erinnern sich glücklicherweise viel mehr an ihre angenehmeren Erlebnisse, an ihre schönen Stunden mit heiteren Gefühlen. Sie vergessen ihre häßlichen Begegnungen und unschönen Gefühle. Ängstliche Naturen jedoch kommen von einem Angsterlebnis nicht los.

Monika war von dem unbekannten Burschen in die Enge getrieben worden, ausweglos. Aus dem Sexualunterricht wußte sie, was es heißt, wenn ein Mann einem Mädchen „Gewalt antun" will. Jetzt hatte sie ja mit eigenen Augen aus allernächster Nähe gesehen, wie groß und dick so ein männlicher Penis ist. Sie stellte sich vor, wie weh das tun müsse, wenn so ein Mann ihn in ihre kleine Scheide stoßen wollte. Zudem hatte sie in den Boulevardzeitungen gelesen, daß ein Mann ein Mädchen rücksichtslos überfallen, sich an ihm befriedigen und dabei sogar ein Mädchen töten kann. Alle diese Vorstellungen verdichteten sich zu ihrer entsetzlichen Angst.

Monika wollte sich nicht mehr an dieses Erlebnis erinnern. Daher bemühte sie sich, ihre peinlichen, ekelhaften und angsterregenden Vorstellungen *aus dem Bewußtsein abzuschieben.*

Was man aus dem Bewußtsein aber nur „wegschiebt", ist noch nicht „ausgelöscht". Es existiert nach wie vor, es bleibt *unverarbeitet* im Unbewußten – und kann immer wieder auftauchen, oft gerade dann, wenn man es gar nicht erwartet (und wenn man es „absolut nicht gebrauchen kann").

Schließlich trägt die *Phantasie* noch dazu bei, daß eine abgedrängte Vorstellung – ein ungelöstes Problem also sozusagen – riesengroß erneut im Bewußtsein erscheint. *Monika* „sah" schließlich bei jedem jungen Mann, der jenem Unbekannten aus der Berghütte ähnelte, durch die Hose hindurch den erigierten Penis. Diese Vorstellungsbilder wurden immer bedrängender.

Monika war ein akzeleriertes Mädchen von vorzeitigem Wachstum, früh entwickelt auch in ihren Geschlechtsmerkmalen. Eine Begegnung mit dem anderen Geschlecht hatte sie sich längst heimlich gewünscht, allerdings nicht auf diese primitiv-schreckhafte Weise. Es war durchaus nicht merkwürdig, daß ihr Wunsch sich jetzt *verdichtete,* einen Jugendlichen *anders* zu erleben.

Dann aber war da immer wieder diese schreckliche Angst, es könnte erneut eine derart angstbeladene Szene geben. Je größer aber ihr Bedürfnis war, die Angst abzudrängen, desto größer wurden ihre Wünsche.

Alles, was wir aus unserem Bewußtsein – oft krampfhaft – „abdrängen" wollen, will „nachdrängen". Das Verdrängen *mißlingt.* Daher kommt es zur Wiederkehr des Verdrängten!

Der Begriff der Verdrängung stammt von *S. Freud*. Er bezeichnete damit die unbewußte Unterdrückung *eines* Triebbedürfnisses. Ich bin der Auffassung, daß es sich um *mehrere* Triebregungen handelt, die miteinander unverträglich sind und die daher mit den ihnen verbundenen Vorstellungen und Erinnerungen aus dem Bewußtsein ausgeschlossen werden sollen. Für *Monika* war es aufschlußreich, daß sie diesen jungen Burschen – von dem sie mir sagte, er sei im Grunde sogar ein hübscher Kerl gewesen! – heimlich wiedersehen wollte, entgegen aller moralischen Haltung ihrer Eltern, im Gegensatz auch zu der sittlichen Einstellung, die sie sich längst zu eigen gemacht hatte.

Anna Freud (die Tochter von *S. Freud*) sagte: „Die Wirkung der Verdrängung ist einmalig. Die anderen Mechanismen müssen bei jedem auftretenden Triebschub von neuem in Tätigkeit gesetzt werden. Aber die Verdrängung ist zugleich der gefährlichste Mechanismus und kann ein für allemal *die Intaktheit der Persönlichkeit zerstören*. Sie bildet die Basis der Neurosenbildung."[2]

Im Anschluß an *A. Freud* sagt *H. Lincke:* „Durch die Verdrängung hat das Kind *die Herrschaft über ein Stück seines Gefühlslebens verloren* und der weiteren bewußten Verarbeitung entzogen. Hemmungen und Herabsetzungen anderer lebenswichtiger Tätigkeiten sind die Folge."[3]

Georg, 5 Jahre, hatte in der spanischen Ferienwohnung seiner Eltern ein liebes kleines spanisches Mädchen als beste Spielgefährtin. Eines Tages war ein großer fremder Mann gekommen, hatte das Mädchen bei den Haaren gerissen, hatte es jämmerlich verprügelt, hatte wahllos auf Mund und Nase geschlagen, so daß das Blut strömte, und hatte auch dem kleinen *Georg* mit einer Peitsche Prügel angedroht.

Georg hat sich seitdem nicht mehr aus dem Haus gewagt, und an den Strand, wo das passiert war, wollte er nie mehr. Er sprach immer nur von bösen Männern, von Stöcken und Peitschen und sogar von großen Messern, mit denen man kleinen Kindern wehtut und sie umbringt. Er ging in dem Dorfe in kein Geschäft mehr mit, denn überall sahen die Männer so aus wie jener fremde böse Mann. Daheim schloß er sich nur noch an größere Jungen an, was er vorher nie getan hatte. „Die sind stärker als ich", sagte er einmal. Polizeibeamte und alle Uniformierten sah er besonders gern.

---

[2] A. Freud, Das Ich und die Abwehrmechanismen, München 1964.

[3] C. Müller und andere, Lexikon der Psychiatrie, Berlin 1973.

„Die werden mir immer helfen, wenn mich einer so schlagen will, mit der Peitsche", sagte er.

Tatsächlich können kindliche Angsterlebnisse immer wieder „auftauchen", in anderer Form, in anderem Gewande. In der freien Entfaltung seiner Gefühle und in seinen gefühlsmäßigen Einstellungen kann das Kind dadurch sehr beeinträchtigt werden. Aus solchen *Gefühlshemmungen* kann dann eine Vielzahl von *falschen Verhaltensweisen* entstehen, von *unrichtigen Bewertungen,* von merkwürdigen – und sogar *konträren! – sozialen Anpassungen,* damit die erlebte Angstsituation nur ja nicht noch einmal ins Bewußtsein dringt. (Ich behandelte einmal eine Oberschülerin, die den Schutz eines Zuhälters suchte, weil sie gehört hatte, ein solcher würde sich „um seine Damen ganz besonders kümmern und sie beschützen"!)

Die Verdrängung muß durchaus nicht abnorm sein. Jeder Mensch neigt wahrscheinlich dazu, diese und jene Angsterlebnisse zu verdrängen, sie nicht bewußt zu verarbeiten. Es muß schließlich auch nicht alles „bewußtgemacht" werden, was ein Mensch an Angstvorstellungen mit sich herumtragen mag. (Vor allem muß nicht jeder deswegen gleich „auf die Couch" des Psychoanalytikers, um sein gesamtes Seelenleben „sezieren" zu lassen. Bei einem Kinde wäre das ohnehin ein sehr fragwürdiges Unterfangen!)

Je älter das Kind wird und je mehr es geistig-seelisch heranreift, desto mehr wird es befähigt, *Stellung zu nehmen* zu erlebten Angstsituationen – und damit auch zu sich selbst! –, um *das Erlebnis positiv verarbeiten* zu können. Psychologische Hilfestellung ist dabei in vielen Fällen wertvoll und fördernd.

Monika kam zu mir, als sie 19 Jahre alt war. Sie stand vor dem Abitur und hatte in einem Tanzclub einen Referendar kennengelernt. Sie trug immer noch ihre damaligen Angstvorstellungen mit sich herum, unter denen sie all die Jahre hindurch sehr gelitten haben mußte. Sie hatte andererseits auch den Wunsch und sogar die feste Absicht, nach Abschluß der Frauenoberschule möglichst bald diesen liebenswerten jungen Mann zu heiraten.

Ich habe *Monikas* Pläne unterstützt. Ihr Freund war eine ebenso sensible Natur wie sie. Ich habe ihm dargelegt, daß nur *er* die Ängste seiner baldigen Verlobten zum Abklingen, ja zum gänzlichen Vergessen bringen kann, wobei es auf seine beseelte Liebesfähigkeit ankommt. (In meinem Buch „Sexual-Lexikon – ein Bildungsbuch für junge Menschen" habe ich meine Gedanken und Ratschläge dazu ausführlich niedergeschrieben.)

Freilich ist es richtig, wenn *A. Freud*[4] darauf verweist, daß die Verdrängung zur Bildung von Neurosen führen kann. Das Verhalten *Monikas* war längst neurotisch, es war beinahe „nicht mehr ganz normal". Aber es war nicht so, als sei *Monika* „seelisch krank" geworden. Das zeigten die ersten Erfolge meiner psychologischen Einflußnahme (die noch nicht abgeschlossen ist) sehr bald.

Die Regression

Daniel, 6 Jahre, hatte vom ersten Schultag an *Angst vor der Schule,* Angst vor anderen Kindern, Angst schließlich auch davor, Hausaufgaben machen zu müssen, die korrekt sein sollen, dem Lehrer fehlerlos vorzuzeigen sind und dann zensiert werden. Er war als Einzelkind aufgewachsen und immer etwas verwöhnt worden, war aber fröhlich und unbeschwert in einen kleinen privaten Kindergarten gegangen, hatte sich mit naiver Selbstsicherheit auch auf dem Spielplatz und im Urlaub der Eltern sogar gegenüber solchen Kindern behauptet, die ihm ganz fremd waren. Die Schulärztin und der Schulleiter bezeichneten ihn vor seiner Einschulung als körperlich, geistig und auch sozial *schulreif.*

Am 10. Schultag klagte er über Bauchschmerzen und durfte daheim bleiben. Er blieb in seinem Bett liegen und ließ sich von der besorgten Mutter pflegen und umhegen. Er fühlte sich dabei offenbar sehr wohl und schien das sogar zu genießen. Aber auch am nächsten Tage wollte er nicht aufstehen und mochte nicht zur Schule gehen. „Ich möchte *nur noch dein liebes Kind sein*", sagte er. „Er benimmt sich nahezu *wie ein Säugling*", sagte mir die Mutter, „was soll ich machen?"

Als Kleinkind durfte *Daniel* „alles". Die Eltern waren sehr nachsichtig. Sie übersahen alle Fehler (es gab schließlich überhaupt keine „Fehler" fürs liebe Kleinkind. Daniel wußte gar nicht, daß er etwas „falsch machen" könnte). Sie stellten keine sachlichen Forderungen an seine Haltung, seine Leistung. Daniel durfte fröhlich sein, durfte laut sein, plappern und singen, wann immer *er* Lust dazu hatte.

Während der Entwicklung vom Säuglings- und Kleinkindalter bis zum Vorschul- und Schulalter und zur Reifezeit *weitet sich der*

[4] A.a.O.

Lebensbereich. Damit wächst auch die *Lebenssicherheit.* Gleichzeitig nimmt aber auch die *Selbstverantwortung* zu. Das heranwachsende Kind muß sich mehr und mehr Rechenschaft abgeben über sein Verhalten, vor anderen und vor sich selbst.

Dem Selbstentfaltungsdrang und dem unbekümmerten Selbstgefühl – das oftmals wie kleine „Selbstherrlichkeit" anmutet – steht die erforderliche *Einordnung in die Gemeinschaft* gegenüber. Die *anderen* erwarten von dem heranwachsenden Kind ein Hintansetzen eigener Ansprüche, nicht selten sogar eigener spontaner Gefühlsregungen. Dieser Reifungsprozeß kann also leicht auch *Angst* erzeugen.

Es gibt Kinder, die in einer solchen Angstsituation „zurückgehen" in eine frühere Phase ihrer Entwicklung. *S. Freud* bezeichnete diesen Abwehrmechanismus der Angst als *Regression* (lateinisch *regredi* = zurückschreiten). Ich sehe darin noch etwas anderes als ein „Zurückschreiten" oder „Zurückgreifen" (das ja eine positive, bejahende und überzeugte Zuwendung wäre), etwas anderes auch als eine „Rückkehr", wie andere Wissenschaftler meinen. Ich bin der Auffassung, daß es sich hier um eine *Flucht* handelt. Es ist so, als ob ein Kind, das längst genügend umwelttüchtig geworden ist, in sein Säuglingsbettchen *zurückflieht,* wo es sich im wahrsten Sinn des Wortes „eingebettet" fühlt, in die wohltuende Wärme der Bettdecken wie in die ebenfalls wärmende Liebe der Mutter, umhütet und umsorgt, völlig bewahrt vor Angstsituationen, die von außen, von der Schule kommen.

Daniel hatte sein regressives Verhalten derart nachdrücklich an den Tag gelegt (und man könnte getrost auch sagen, „zur Schau gestellt"!), daß er weinerlich und jammervoll immer wieder auf sein krankes Bäuchlein verwies (obwohl der Kinderarzt, wohlgemerkt, keinerlei Beschwerden diagnostizieren konnte).

Der Angstmechanismus der Regression kann besonders im *Kleinkindalter* auftreten:

Manuela, 3 Jahre, war längst an eine reguläre Blasenentleerung gewöhnt, wurde aber erneut *Bettnässerin,* als ein Brüderchen geboren war. Aus Angst vor Liebesentzug und Liebesleere war sie „zurückgeflohen" in ihre Säuglingszeit.

Freilich erfolgt so etwas *unbewußt,* aber doch in der Erwartung – ja, sogar mit der „Aufforderung"! – an die Mutter, das Kind wieder so lieb zu haben „wie damals".

Der Regressionsbegriff beruht auf der These, „daß von den infantilen seelischen Formationen, trotz aller späteren Entwicklungen, beim Erwachsenen nichts untergeht. Sie können unter geeigneten Konstellationen wieder zum Vorschein kommen.“[5]

Welche schwerwiegenden Folgen dieses „erneute Auftauchen“ haben kann, sagt *H. Lincke* unmißverständlich: „Neurosen und Psychosen sind zum größten Teil als psychische Archaismen zu verstehen, als Überbleibsel aus einer früheren Entwicklungsstufe also, die *zu seelischen Erkrankungen führen.*“[6]

Die *Aufforderung, heranzureifen,* kann dem heranwachsenden Kinde nicht erspart werden. In dem natürlichen Drang nach schrittweiser Selbstentfaltung ist die Regression „ein Schritt rückwärts“, der frühzeitig als solcher erkannt werden muß, um weiteres neurotisches Verhalten zu verhindern.

Die Fixierung

Stefan, 7 Jahre, verfällt in der Schule immer noch in seine Kleinkindsprache. Er sagt: „Das Kindßen ßläft, und iß pin ßo müüte.“ ein Gedichtlein trägt er so vor:

„Slaf Kindßen ßlaf,
dein Vater hüt die ßaf.“

Auch sonst verhält er sich *wie ein Kleinkind.* Er zeigt gar keinen Drang, selbständig zu werden. Er sagt nie wie andere Kinder: „Das kann ich aber jetzt schon alleine machen.“ Er läßt sich immer helfen, beim Ausziehen des Mantels und Aufhängen an einen Haken, beim Auspacken seiner Sachen aus dem Schulranzen, erst recht bei allem Einpacken und beim Anziehen.

Stefans Mutter ist fast 50, sein Vater 63 Jahre alt, bereits pensioniert. Beide haben ihr einziges Kind ängstlich behütet und vor allen möglichen (und eigentlich unmöglichen) Gefährdungen bewahrt. Infolgedessen ist Stefan *in seinem Kleinkindstadium verblieben.* In seinem Verhalten ist er nicht etwa von echter Kindhaftigkeit, sondern er ist *kindisch.* Es wirkt albern, wenn ein siebenjähriger Grundschüler sich wie ein dreijähriges Kleinkind benimmt. Sein Verhalten entspricht *nicht* seiner altersgemäßen Entwicklungsstufe.

---

[5] S. Freud, Hemmung, Symptom und Angst. Gesammelte Werke Bd. XIV, Frankfurt a.M. 1965.

[6] C. Müller und andere, Lexikon der Psychiatrie, Berlin 1973.

Im Grunde hat *Stefan* Angst davor, sich wie ein Schulkind ordnungsgemäß verhalten zu müssen. „Es ist ja noch so ein anlehnungsbedürftiges, hilfesuchendes Kind", sagt die Mutter zur Lehrerin. „*Stefan* hat es gar nicht nötig, sich dauernd durchzusetzen und durchzuboxen, wie andere Kinder das tun müssen. Dafür ist mir mein Kind viel zu schade." – „Solange ich und meine Frau leben, wird er davon verschont bleiben, dafür werden wir sorgen." So sprach sein Vater.

Stefan wird höchstwahrscheinlich auf seiner infantilen Entwicklungsstufe *verharren.* Er wird sich auch noch mit 14 Jahren „wie ein Kind" benehmen. Seine Angst wird sich ausweiten zur *Lebensangst.* Denn Leben heißt sich dauernd entfalten und immer selbständiger und selbstsicherer werden. Stefans Entwicklung aber *stagniert,* ja sie *verkümmert.* Stefan ist „festgelegt" auf *eine* Phase seiner Entwicklung, er ist „fixiert".

Fixierung als Abwehrmechanismus der Angst bedeutet soviel wie „Erstarrung". Ein geistig-seelisch gesundes Kind ist *wandelbar.* Es ist *formbar,* und seine Entwicklung geht fluktuierend von einer Reifungsphase in die nächstfolgende über. *Stefan* aber erreicht die nächste Phase seiner Entwicklung gar nicht. Wer sollte ihm dabei auch helfen können, solange seine Eltern ihn derart *fixiert* haben? „Der Schüler ist mir widerlich in seiner ganzen Art, aber was soll ich machen? Er kommt mir vor wie ein völlig unreifes kleines Kind. Vor der Klasse macht er sich immer lächerlicher." So sagt die Lehrerin. –

Vermutlich ist jeder von uns mit diesen und jenen „fixierten" Verhaltensweisen behaftet:

Hermann, 30 Jahre, erlebte von seinem zweiten bis zum vierten Lebensjahr die schwere Krankheit seines Vaters, die zum Tode führte. Mit der Todesangst des Vaters wurde er schonungslos konfrontiert. Er ist von ihr nicht losgekommen, sie wirkt heute noch heftig in ihm nach. Seine Mutter klammerte sich als Witwe überängstlich an ihn. „Er ist das einzige, was mir vom Leben noch blieb", jammerte sie. Sie hat ihn viel zu ängstlich umsorgt. Dadurch hat sie verhindert, daß er ein selbständig handelndes Kind, geschweige denn ein richtiger Junge wurde.

Hermann blieb unselbständig, auf die Hilfe der Mutter angewiesen, von ihr abhängig *wie ein kleines Kind.* Seine Mutter muß ihm die Butterbrote schmieren, er ißt nur vorgeschnittenes Fleisch, er bekleckert sich beim Essen wie ein Kleinkind. Er zieht sich nicht alleine an, er läßt sich dabei von der Mutter helfen, sogar beim

Ausziehen. Er kann nicht einmal eine richtige Schleife an seinen Schuhen binden.

Hermann blieb ledig, er hat keine Freundin. Seine Mutter hatte alle die Jahre viel zu große Angst, ihn durch eine „fremde Frau" ganz zu verlieren, und *er* hat seinerseits ebenfalls Angst davor, durch das „Einbrechen irgendeiner Frau" von seiner Mutter getrennt zu werden und damit sein „Kleinkind-Idyll" aufgeben zu müssen (und womöglich gar *anders* werden zu müssen in seinem Verhalten!).

Man erlebt auf Schritt und Tritt solche *fixierten Typen unter Erwachsenen.* In gepflegten Ferienhotels oder auf exquisiten Kreuzfahrtschiffen – da also, wo alles bis ins Kleinste geregelt ist und reibungslos abläuft – kann man sie heimlich beobachten (um daraus zu lernen, daß man sich seinen eigenen Kindern gegenüber rechtzeitig *anders* verhält). Meistens sind diese Menschen von einer alten Mutter oder einem alten Ehepaar begleitet (besser gesagt, sie *dürfen* die Eltern begleiten!). Manchmal ist gar eine junge Verlobte dabei – ein bedauernswertes Geschöpf, denn es wird keinen vollwertigen Ehepartner bekommen.

Es gibt „große Kinder" von mehr als 30 Jahren, die noch am Daumen lutschen. Ich kenne einen Volljuristen, der in Verhandlungen – wenn er zuhören soll, was ein anderer vorträgt – plötzlich den Unterkiefer fallenläßt, den Mund weit offen stehen hat und die Zunge lang heraushängen läßt. Er hat zu dem Zweck immer eine Sekretärin neben sich sitzen, die ihn dann unterm Verhandlungstisch anstößt, damit er die Zunge hereinholt und seinen Mund schließt. „Ich bin mit drei Jahren einmal furchtbar erschreckt worden vom Nikolaus und seinem Knecht Ruprecht. Seitdem habe ich große Angst gehabt, aus dem Hause zu gehen. Ich habe jahrelang immer nur am Fenster gestanden und angstvoll herausgeschaut. Seitdem tue ich das", sagte er mir. Von seiner Frau erfuhr ich dann, daß er sogar noch einkotet, nicht nur nachts, sondern auch tagsüber.

Kein Erwachsener ist „vollkommen". Niemand ist völlig ausgereift und steht voll und ganz auf der geistig-seelischen Reifestufe, die seinem Lebensalter entspricht. Man erwartet von einem Erwachsenen aber bestimmte *normale* Verhaltensweisen. Die Norm: Das sind die *ungeschriebenen Regeln* unseres zwischenmenschlichen Lebens. Das sind auch die berechtigten *Erwartungen,* die einer vom anderen hat. Es sind schließlich auch die *Forderungen* eines normativen Verhaltens, das für jedermann gilt.

Ein hilfloses Stehenbleiben auf einer infantilen Entwicklungsstufe ist *nicht* mehr normal. Es kann der Gesellschaft nicht zugemutet werden, sich damit abzufinden. Von einem 7jährigen Kind wird erwartet, daß es sich *wie ein Schulkind* verhält. Von einem erwachsenen Menschen erwarten wir, daß er sich *wie ein Erwachsener* benimmt.

Die Überkompensation

Regina, 9 Jahre, kann den Heimweg aus der Klavierstunde erheblich abkürzen, wenn sie über den alten Friedhof geht, der mitten in der Stadt liegt. Tagsüber hat sie das auch schon mehrfach gewagt, zumal dann, wenn ein Erwachsener, möglichst eine Frau, vor ihr herging. Im Winterhalbjahr aber endet die Klavierstunde abends, wenn es längst dunkel ist. *Regina* hat große Angst vor dem Friedhof. Sie hat von Gruselgeschichten gelesen, von Totengerippen, die aus den alten Familiengruften (die tatsächlich längst eingefallen sind und teilweise halb offen stehen) emporsteigen. Aus dem Heimatkundeunterricht weiß sie, daß so etwas früher alles schon passiert sein soll. Manche Kinder sollen dadurch grausam umgekommen sein, als sie von den Toten in die Gruft gezerrt wurden.

Trotzdem *meidet* Regina diesen sehr viel kürzeren Weg *nicht.* Sie geht ihn bewußt, sogar ganz alleine. Sie pfeift dabei jedesmal laut vor sich her, am liebsten den River-Kwai-Marsch, und sie marschiert dabei „so energisch wie ein Soldat".

Auch dies ist eine Art der „Flucht vor der Angst", aber sie unterscheidet sich von der Regression dadurch, daß es eine *Flucht nach vorn* ist. Es ist so, als ob *Regina* ihrer Angst „trotzt". Jedenfalls geht sie *gegen* ihre eigene Angst an – und überwindet sie dadurch auch erfolgreich.

Zweimal in der Woche geht sie diesen Heimweg. Jedesmal überkommt sie die Angst von neuem, jedesmal beinahe noch schlimmer, zumal es in dunklen Wintertagen dort immer unheimlicher ist. Aber sie geht, und sie erlangt dadurch ein gerüttelt Maß an *Selbstachtung* (und sie spricht darüber zu Hause mit niemand. Denn die Mutter würde ihr diesen einsamen Friedhofsweg bestimmt verbieten!). Das Verhalten *Reginas* ist also völlig normal, sogar sehr lobenswert.

Während des Sommers hörte ich im einsamen Hohen Venn, unweit von Aachen, von weit herkommend eine laute Männerstimme. Als ich näherkam, traf ich auf mehrere Oberschülerinnen, etwa 10 und 11 Jahre. Sie wollten für den Biologieunterricht seltene Käfer suchen. (Tatsächlich leben dort Käferarten, die es auf der ganzen übrigen Welt nicht gibt.) Damit ihre große Angst vor dem menschenleeren, schier unendlich weiten Hochmoor (wo man Moorleichen gefunden hat und „wo es von Gespenstern nur so wimmeln soll") und den darin eingestreuten Dickungen „übertönt" wurde, hatten sie einen Kassettenrecorder mit und ließen immer das gleiche Band laufen, um „zwei Männer aus einem Westernfilm laut sprechen zu lassen". Auch dies ist also ein anerkennenswertes Verhalten, um *die eigene Angst zu überspielen.*

„Ich werde das auf meine Weise *kompensieren*", sagt ein Oberschüler. Er steht in Mathematik sehr schlecht und ist nun bemüht, in zwei anderen Hauptfächern, die ihm persönlich besser liegen, eine gute und vielleicht eine sehr gute Note zu erlangen. „Ich werde das *ausgleichen*", sagt er.

Kompensation ist ein psychologischer Begriff, der jedermann geläufig ist. Das natürliche Streben des Menschen ist auf „Vollwertigkeit" gerichtet. Für eine „schwache Stelle" in unserer Persönlichkeit, in unserer Leistung vor allem, suchen wir einen *Ausgleich,* um vor den anderen trotzdem zu Ansehen zu gelangen, zur Geltung zu kommen, um vor sich selbst auch „geradestehen" zu können.

Ein kleines Kind ist *körperlich zart* und kann nicht mit den anderen draußen herumtoben und über Zäune und Mauern klettern. Es entwickelt seine zeichnerischen oder musikalischen Talente, es liest sehr viel, oder es wird Meister im Basteln und wird wegen der phantasievollen Gestaltungen mit seinen Baukästen anerkannt und gelobt, vielleicht sogar vor den anderen besonders herausgestellt.

Ein anderes Kind ist *vital und robust,* hat aber kein Sitzfleisch und keine Ausdauer im schulischen Lernen. Es wird Leistungsschwimmer oder Jugendradrenner, entdeckt sein Torwarttalent und kommt in die erste Jugendmannschaft.

Es gibt große und größte Leistungen der Weltgeschichte, die als Kompensationen angesehen werden können. Im Grunde ist jede menschliche Leistung eine Kompensation. Jedenfalls ist die Kompensation sinnvoll, sofern das kompensatorische Verhalten nicht „gegen alle Vernunft" ist.

Ich war einige Jahre Volksschullehrer in einer kleinen Gemeinde. Ein Schüler, ein sehr verwegener Bursche, war wegen einer Wette durch den fast tausend Meter langen Eisenbahntunnel gegangen. Die Bahn hatte das Betreten selbstverständlich verboten. Ich hatte den Schülern hernach nur gesagt, daß einer dadurch sein Leben aufs Spiel setze. Ausgerechnet der schmalste und zarteste Schüler, der Sohn des Tierarztes, wiederholte trotzdem diese Tat! Er erklärte mir dann, daß er uns allen (vor allem seinem strengen Vater!) beweisen wollte, wie „todesmutig" er sein konnte.

Hier wird die Kompensation *übertrieben.* Wir sprechen von *Überkompensation.* Wenn die Kompensation nur auf „Vollwertigkeit" gerichtet ist, so ist die Überkompensation auf „Überwertigkeit" gerichtet. Auch ein solches Bestreben muß nicht von vornherein unvernünftig sein.

Demosthenes war ein zartes und ängstliches Kind, das infolge eines heftigen Angsterlebens *stotterte.* Herangewachsen ging er am Strand auf und ab, steckte sich kleine Kieselsteine unter die Zunge und rief laut gegen die anrollenden tosenden Wellen des Mittelmeeres an. Er wollte *zur Geltung gelangen.* Er wollte in seinem Vaterland sogar zu Ruhm kommen. Er wurde einer der besten Redner des griechischen Altertums! *Adolf Menzel* wurde ein berühmter Maler seiner Zeit, obwohl er – und wir müssen sagen, gerade *weil* er – von sehr kleiner Gestalt war und deswegen in der Gesellschaft zunächst nicht zur Geltung gelangte. *Georg Christoph Lichtenberg* wurde ein bedeutender Physiker und Schriftsteller (dessen geistreiche Aphorismen heute noch ständig zitiert werden), obwohl er – oder gerade *weil* er – von buckliger Gestalt war.

Es ist durchaus anzuerkennen, wenn ein graziles Kerlchen sich mutig daran beteiligt, das verlorengegangene Schwesterchen im Wald zu suchen, obwohl es vor der Finsternis dort bisher immer so große Angst hatte. Es ist aber unsinnig, wenn sich ausgerechnet der schwächste Schüler meldet, um im Zweikampf gegen einen herausgestellten Gegner der feindlichen Schulklasse anzutreten. Es war von mir als Lehrer in höchstem Maße zu tadeln, als einer der jüngsten Schüler als erster mit dem Fahrrad über den Brückenbogen der neuen Autobahn fuhr, um den anderen zu beweisen, wie mutig er sein konnte.

Margrit, 4 Jahre, spielte am Meeresstrand fröhlich mit ihrem Eimerchen im Sand. Auf einmal kommt sie laut schreiend angelaufen, kann dann auf Befragen der Mutter kein Wort mehr herausbringen und zeigt nur auf ihren Eimer da unten. Die Mutter geht hin und stellt fest, daß ein kleiner Taschenkrebs in das Eimerchen gekrochen ist. Die Mutter nimmt *Margrit* behutsam, aber fest an die Hand, geht mit ihr zum gefangenen Tierchen und sagt: „Schau mal her, was ist das für ein lustiges Tierlein. Es tut dir nichts. Es

ist sogar sehr hübsch, nicht wahr? Es hat sechs kleine süße Beinchen und zwei kluge Äuglein. Und jetzt wollen wir es wieder laufen lassen. Paß auf, es läuft bestimmt zurück zum Wasser, wo es auch hergekommen ist. Im Wasser ist es nämlich zu Hause, es hat sich nur verlaufen. Du kannst es dir jetzt *ganz aus der Nähe ansehen!*"
Margrit tut das tatsächlich – und überwindet dadurch erfolgreich ihre Angst. Seitdem *will* sie all diese Tierchen am Strand ganz nah betrachten!

Es kann sein, daß ein Kind mehr „Angst vor seiner eigenen Angst" hat als vor der Situation, die angstauslösend wirken kann.

Es ist aber auch so, als sei es ein innerer Drang, gegen seine eigene Angst dadurch anzugehen, daß man ihr „trotzig entgegentritt". Das erleben wir schon bei Kleinkindern. Vielleicht ist dies ein wertvoller Trieb aus ältesten Menschheitstagen. Denn was wäre aus der Menschheit geworden, wenn unsere Vorfahren immer und überall nur ihren Ängsten nachgegeben hätten und ihnen unterlegen gewesen wären? Angstüberwindung fördert schließlich nicht nur die Selbstachtung, sondern schon die bloße Selbsterhaltung, die Erhaltung der Art damit auch.

Andreas, 13 Jahre, ist sehr frech. Er erscheint aggressiv und herausfordernd. Wer ihn genauer beobachtet, der spürt aber, daß hinter seinem scheinbar sehr sicheren Verhalten viel Selbstunsicherheit und Ängstlichkeit steckt. „Der ist sich seiner Sache keineswegs so sicher, wie er sich den Anschein geben möchte", sagt sein Klassenlehrer, ein erfahrener Jugenderzieher.

In der *Vorpubertät* ist „alles im Umbruch". Die naiven und unkritischen Einstellungen der späten Kindheit werden abgetan. Neue Einstellungen – zur Umwelt und zu sich selbst – sind aber noch nicht ausgereift. Das körperliche Wachstum bringt Unruhe mit sich.

Vieles erscheint den Jungen und Mädchen fragwürdig. Sie können sich selbst ein Rätsel sein, dessen Lösung sie nicht finden. (Viele gehen ja auch einher „wie wandelnde Fragezeichen".) Sie streben aber danach, ihre Selbstunsicherheiten und *Ängste zu überspielen,* indem sie *besonders „stark" erscheinen* möchten. (Die Bezeichnung „Halbstarke" hat einen unschönen Beiklang bekommen, obwohl er genau das Richtige umschreibt.) „Nur ja keine Angst haben, vor den Lehrern und allen Erwachsenen schon gar nicht!" Das ist ihre Devise. Feigheit ist verpönt.

Auch dieses kompensatorische Verhalten ist durchaus sinnvoll und sollte von uns akzeptiert werden. „Du tust ja nur so, Kerlchen!

Mir kannst du nichts vormachen! Komm bleib' auf dem Teppich!" Es wäre falsch, wenn ein Erwachsener so sprechen wollte. Noch törichter wäre es, zu sagen: „Du hast hier nichts zu sagen. Groß und stark darfst du werden, aber nicht frech!"

Auch dann, wenn solches Verhalten ein wenig überkompensatorisch wirkt, sollte es anerkannt werden. Denn die „Flucht nach vorn" ist zumeist richtig.

Zwangshandlungen

Wenn *Ursula,* 9 Jahre, morgens zur Schule in die Nebenstraße geht, tritt sie immer genau in die Mitte der viereckigen Steinplatten auf den Bürgersteigen. Manche Platten sind größer, manche kleiner, mal muß sie kleine, mal größere, mal ganz große Schritte machen. Aber sie achtet peinlich darauf, daß sie „nur ja nicht auf die Striche dazwischen" tritt. „Das darf nicht passieren, *das ist ein Fehler,* und dann mache ich *auch Fehler in der Schule.* Ich will aber alles *gut* machen." So sagt sie zu sich selbst.

Ursula ist im 4. Grundschuljahr und soll auf die Oberschule. Dazu muß sie noch erheblich bessere Zeugnisnoten haben. Sie muß sich also noch sehr viel Mühe geben, in ihrer Haltung, im Fleiß, in der Ordnung. Sie möchte sich auch sehr gern anstrengen, denn sie weiß von ihren älteren Schwestern, daß auf der Oberschule alles viel schöner ist. Außerdem ist es der selbstverständliche Wunsch der Eltern, ihre Erwartung sogar ihre Forderung an ihre jüngste Tochter.

Ursula hat aber große *Angst davor, Fehler zu machen* und dadurch in der Schule zu versagen. Deswegen *zählt* sie neuerdings auch die Platten, zählt auch ihre Schritte, und dabei müssen sich immer Zahlen ergeben, die durch die Zahl 2 teilbar sind. Denn „2" heißt „gut". Für die Note „2" unter einer schriftlichen Arbeit in der Schule bekommt sie *ein Lob* von der Mutter (und sogar eine „Sonderzuteilung", ihren heißgeliebten Schokoladenpudding etwa), und vom Vater bekommt sie dafür ein Geldstück. (Für eine sehr schlechte Note „5" = „mangelhaft" aber muß sie ihm von ihrem Taschengeld einen festgesetzten Betrag zurückbezahlen!)

Ursula hat damit angefangen, auch bei ihrem Lehrer zu *zählen,* wenn er im Unterricht vor ihr steht: „2 Augen – 2 Ohren – 2 Nasenflügel – 2 Lippen – 2 Hände – 2 Arme – 2 Beine – 2 Füße". Neuerdings zählt sie auch so, wenn ihr ein netter Mann auf der Straße entgegenkommt, der ihrem jungen Lehrer ähnelt, und dann zählt sie noch zusätzlich: „2 Brustspitzen – 2 Gesäßbacken – 2 Hoden." Denn das hatten sie neulich im Sexualunterricht, und darin bekam sie eine „2" = „gut". Alles, was „2" ist, das ist für *Ursula* „gut", das ist „richtig", das ist „in Ordnung"!

Niemand weiß von Ursulas „Zählzwang", denn sie sagt es keinem. Ich war der erste, der davon erfuhr, und ich spürte, wie sehr sie davon in Mitleidenschaft gezogen wurde und darunter litt. Aus sich selbst heraus konnte sie davon nicht mehr loskommen. Selbst im sonntäglichen Gottesdienst zählte sie dauernd an den kleinen Scheiben der großen Kirchenfenster: „2 und 2 und 2 und 2", und dabei zeigte sie unter der Bank mit auseinandergestrecktem Zeigefinger und Mittelfinger der rechten Hand. Das tat sie nun auch schon, wenn sie beim Lehrer „zählte", auch auf der Straße.

Wie ist das zu erklären? *Ursulas* Mutter ist eine überaus saubere Hausfrau. Alles muß bei ihr peinlichst sauber sein, nie darf auch nur die geringste Unordnung herrschen. Der Vater ist überkorrekt und angstvoll-nervös. Wenn er spätnachmittags von seiner Behörde kommt, muß in der Wohnung alles „wie auf dem Präsentierteller" stehen. Es stört seinen Ordnungssinn, wenn eines der Bilder im Flur etwas schief hängt, wenn das Telefonbuch nicht da liegt, „wo es hingehört", wenn Türen und Schränke nicht „ordnungsgemäß" verschlossen sind (ja sogar, wenn jemand das Klosettpapier nicht ganz gerade abgerissen hat. „Das kann man ja auch anständig machen", sagt er dann). Eine Briefmarke muß exakt oben rechts auf einen Briefumschlag geklebt werden, jede Zeitung muß sehr korrekt, genau in der Mitte nämlich, gefaltet im Zeitungsfach abgelegt werden. „Ich hasse jede Unpünktlichkeit", sagt er, „und das gilt für jedes Mitglied meiner Familie."

Ursulas ältere Schwestern sind von ihren „überkandidelten" Eltern nie beeinträchtigt worden. Es sind robuste Naturen mit unverwüstlichem Gesundheitswillen. Sie haben sich immer weniger an dem „Sauberkeitsrappel" ihrer Mutter und an dem „Ordnungsfimmel" ihres Vaters gestört. Die Mutter ist ganz offenbar nur deswegen so überängstlich geworden, weil sie vor ihrem übergenauen Mann Angst hat. Auch daraus haben die großen Töchter sich nichts gemacht.

Ursula dagegen, ein Nachkömmling, war seit ihrer Geburt immer ein wenig zart. In ihrer Kleinkindzeit hatten die Eltern ihr gegenüber genügend Nachsicht gezeigt. „Unsere Kleinste kann sich das erlauben, da mache ich mal eine Ausnahme", hatte der Vater erklärt, wenn Ursula mal ein bißchen Unordnung machte und eben *nicht* ihr Spielzeug wegräumte. Mehr und mehr aber erwartete man auch von ihr „das Befolgen ungeschriebener Gesetze des Zusammenlebens“, wie der Vater das nannte. Vor allem erwartete man von ihr „ordentliche Leistungen“ in der Schule! Es wurden Bestrafungen eingeführt für „Nachlässigkeiten und Unordentlichkeiten“. Sie bekam dann keinen Gutenachtkuß, sie mußte auf ein ersehntes Weihnachtsgeschenk oder einen anderen Wunsch verzichten, sie durfte nicht auf eine Geburtstagsparty einer Freundin gehen, das Taschengeld wurde ihr entzogen.

Man möge an dieser Stelle nicht einwenden, solche Eltern gäbe es gar nicht mehr. Just wo ich dies zu Papier bringe, erzählt mir *Fred,* 12 Jahre, daß er seiner Mutter wiedermal zehn Mark wöchentliches Taschengeld zurückgeben mußte, weil er ihr eine erwartete Hilfeleistung nicht gab. Dabei war er voll und ganz entschuldigt. Er *mußte* nämlich zum Training seiner Fußballmannschaft! – Trotz solcher rigorosen Erziehungsmethoden legen seine Eltern aber größten Wert auf die Feststellung, daß ihr Sohn „antiautoritär“ aufwachsen konnte und bis heute „ohne jede Strenge oder gar Härte“ geführt wird!

Ein ängstliches Kind ist darauf bedacht, die Vorschriften der Eltern genauestens zu befolgen, damit es deren Liebeszuwendungen nicht zu entbehren braucht, und wenn die Eltern ihrerseits „zur Angst geradezu prädestiniert“ sind, wie bei *Ursula,* dann wird das Kind schier krampfhaft den Erwartungen der Eltern nachkommen wollen. Denn Angst ist „ansteckend“!

Martin, 11 Jahre, faßt sich dauernd mit einer Hand an den Hosenschlitz, um nachzuprüfen, ob seine Hose nicht etwa offen steht. Er *zählt* mit den Fingern die einzelnen geschlossenen Knöpfe, um sich immer wieder zu vergewissern, daß nur ja keiner davon auf ist.

Der Religionslehrer hatte eine ganze Stunde lang mit weit offenem Hosenschlitz unterrichtet, und als er mit hochgehobenem Arm etwas an die Wandtafel schrieb, sa man hinterher sogar seine Geschlechtsbehaarung und wahrscheinlich auch seinen Penis. Die Mädchen aus der Klasse, die in den vorderen Bänken sitzen, behaupteten das jedenfalls. „Der hat sich ganz schön *blamiert“,* sagten sie hernach. „Mit dem Ding kann er ja nicht großartig angeben“, meinten die Jungen.

Martin hat seitdem schreckliche Angst, ihm könnte so etwas auch passieren, womöglich in Gegenwart von Mädchen, vor denen er sich nicht die geringste Blamage erlauben möchte. Er hat schon mehrfach einen erigierten Penis gehabt, als er morgens aufwachte (der dann nach dem Wasserlassen sofort wieder zurückging), und seitdem hat er auch noch Angst, sein Penis könnte gerade dann plötzlich ganz steif werden, wenn er einem Mädchen begegnete und seine Hose nicht zugeknöpft wäre. –

Ähnlinge *Zwänge* gibt es bei Mädchen, die *von einem Exhibitionisten erschreckt* wurden und seitdem jedem Manne, der ihnen auf der Straße entgegenkommt, angstvoll auf den Hosenschlitz starren. Sie haben Angst davor, durch das Bloßstellen eines männlichen Gliedes erneut „bloßgestellt" zu werden. („Gliedvorzeiger" nennt die Kriminalpolizei solche Männer.) Diese Mädchen haben Angst vor der Wiederholung eines für sie so *beschämenden* Erlebnisses. –

Freilich ist das Verhalten *Ursulas* nur als eine *Vorstufe zum Zwang* anzusehen (und es zeigte sich auch bald, daß sie davon befreit wurde, nachdem ich ihr gezielte therapeutische Hilfen zum besseren Lernen und damit zur Selbstsicherheit im Lernerfolg gab, denn das Mädchen hatte eine enorme geistige Begabung). Solche Vorstufen können sich aber ausweiten zu echten *ritualisierten Zwangshandlungen,* die außerhalb der Grenzen normalen Verhaltens liegen, die neurotisch sind und sogar psychotischen Charakter haben können.

Zum Verständnis der Zwangshandlungen möchte ich Folgendes herausstellen:

- „Es kommt mir immer so vor, als seien die Gedanken und die Impulse, *von denen ich beherrscht werde,* gar nicht meine eigenen, als seien sie mir *fremd.*" So sagte mir eine Oberschülerin. Es war eine treffende Selbstbeobachtung.
- Dieses „Beherrschtsein von fremden Impulsen" ist derart heftig, daß man die „geforderten" Handlungen *nicht unterlassen kann.* Selbst durch ein bloßes Aufschieben des „aufgezwungenen" Verhaltens kann panische Angst entstehen.
- Wer von Zwängen behaftet ist, *beschäftigt sich dauernd mit seinen Angstvorstellungen,* auch dann, wenn er verstandesmäßig immer wieder einsieht – und sogar, wenn er zu der logischen Schlußfolgerung kommt! –, daß seine Angst unbegründet ist.
- Der Zwangskranke lebt in dauernder Angst, daß ihm etwas Schreckliches zustößt, wenn er seine ihm von außen aufgezwungene Handlungen nicht *genauestens einhält.* Also führt er sie aus, peinlich genau, um dadurch zunächst eine *scheinbare Beruhigung* zu erfahren. (Er „gehorcht", er fügt sich.)
- Diese aufgezwungenen Handlungen sind aber nicht nur äußerst unwillkommen, sondern sehr *unangenehm* und sogar *quälend.* „Es ist alles *so unsinnig,* aber ich *muß* es immer wieder tun."

So schilderte mir ein Fachschüler, 17 Jahre, seine seelischen Zwänge und seine *Verzweiflung*. „Ich kann es nicht länger ertragen." Das höre ich von vielen Patienten. „Ich sträube mich dagegen, aber ich kann mich nicht davon befreien." – „Immer dann, wenn ich es gar nicht brauchen kann, fühle ich mich dazu gezwungen. Es gehört nicht zu mir, aber es ist doch mein eigenes Handeln." Aus solchen Worten spricht deutlich genug der *selbstquälerische Zustand* von Zwangskranken.

- Durch Zwangshandlungen kann *die Selbsttätigkeit aufgehoben* werden. Die Eigenständigkeit des Denkens und Handelns, die Unbekümmertheit und Sorglosigkeit – auf die insbesondere ein heranwachsendes Kind, ein Jugendlicher Anspruch hat! – werden *unterdrückt*. Die eigenen Antriebe werden erheblich *eingeengt*. Es kann sogar zu einem *Verfall der Persönlichkeit* kommen.

„Habe ich die Wohnungstür abgeschlossen, den Fernseher abgestellt, den Gashahn zugedreht, das Heizkissen ausgeschaltet?" So fragt sich ein angstbeladener Erwachsener. Er geht mehrmals zurück, um sich noch einmal zu überzeugen, wenngleich er sich beruhigend sagen müßte, daß er alles längst sehr genau erledigte.

Es gibt Väter, die auf der Urlaubsreise noch von Köln zurückfahren bis Aachen, wenn nur ein einziger im Auto fragt, ob denn daheim wohl sämtliche Wohnungsfenster verschlossen sind. Die Kinder müssen unter einem derart angstbeladenen Vater *leiden* und werden schließlich genauso wie er.

„Bist du auch auf dem Klosett gewesen?" So fragt eine überängstliche Mutter ihr *Kleinkind* vor jedem Spaziergang. Das Kind wird dadurch ebenfalls ängstlich-unsicher und geht immer wieder zum Klosett. Noch törichter ist es, wenn eine Mutter, die ängstlich auf peinlichste Sauberkeit bedacht ist, dauernd fragt, ob ihr *Schulkind* sich nach der Darmentleerung auch den Po säuberlich abputzte, damit da nur ja nicht womöglich noch Kotreste verblieben (oder auch Urintröpfchen an Scheide oder Penis), die das Höschen beflecken könnten. Kinder können auf diese Weise zu „Zwangskranken" werden.

Edith, 19 Jahre, ist Sekretärin und Vorzimmerdame in einem Beratungsbüro. Sie umgeht es, wo immer sie kann, den vielen Besuchern ihres Chefs die Hand zu geben, aber es läßt sich nun einmal nicht vermeiden. Danach muß sie sich sofort die Hände waschen. Sie hat schreckliche Angst vor Ansteckung, vor Bakterien. Sie faßt keine Türklinken an, schon gar nicht in öffentlichen Verkehrsmitteln, nicht einmal zu Hause. „Mit mir ist es schon so weit gekommen, daß ich mir an manchen Tagen hundertmal die Hände waschen muß", sagte sie mir. Sie leidet an *Waschzwang*.

„Ich bin ja schließlich kein Hautarzt, und zu mir kommen auch keine Geschlechtskranken." Es hat wenig Sinn, wenn ihr Chef so redet und ihr Verhalten damit lächerlich machen möchte. *Edith* ist tatsächlich zwangskrank. Die Ursachen sind in ihrer Kindheit zu suchen, im falschen Verhalten der Mutter.

Es gibt Kinder, die sich nie schmutzig machen durften, die nie im Matsch spielen durften, nie mit nassem Lehm bauen durften. Sie blieben überängstlich darauf bedacht, die mütterlichen Auffassungen – und Vorschriften! – über Sauberkeit zu befolgen. Denn Sauberkeit ist eine Tugend, ist ein Ideal der Erwachsenen! Solche „übersauberen" Kinder können früher oder später zu Zwangshandlungen gelangen. Äußerste Sauberkeit und übertriebene Hygiene sind für ein Kind mit ängstlicher Unsicherheit verbunden, wenn sie ihm als Forderung dauernd bewußt gemacht werden.

Ein Kind hat einen langen Weg der sozialen Entwicklung vor sich. Es muß lernen, sich an die Normen unseres Zusammenlebens anzupassen, an die Auffassungen der Erwachsenen vor allem von Sauberkeit, Ordnung und Pünktlichkeit. Zu dem, was wir unter „geordneter Lebenshaltung" verstehen, gehört ja wesentlich auch die sachliche Leistung, das Lernen und der dauernde Lernerfolg.

Für das, was *wir* als das richtige Verhalten des Kindes ansehen, wird es *von uns belohnt*. „*Weil* du unten im Hausflur nicht wieder so einen Lärm gemacht hast ... weil du keinen Dreck mit in die Wohnung gebracht hast und deine Hose noch so schön sauber ist ... weil du in der Badewanne überhaupt nicht geplanscht hast, *deswegen* bekommst du Schokolade, *darfst* mit Mutti ausgehen, *darfst* dir Gummibärchen kaufen" usw.

Mehr und mehr wird das Kind auf diese Weise an jene Ordnungen gewöhnt, die in unserer zivilisierten Gesellschaft nun einmal üblich – und freilich auch schier unentbehrlich – sind. Es gibt feste Sitten, und das Kind muß sich „gesittet" verhalten. Es muß lernen, sich „anständig" zu benehmen. Alles muß „an seinem Platz stehen", alles muß ordentlich und vor allem sauber sein.

Wenn das Kind aber *nicht* unseren diesbezüglichen Erwartungen entspricht, wenn es uns gar „enttäuscht", dann wird es von uns *bestraft*. „*Weil* du so schmutzig vom Spielplatz kommst, *darfst du nicht* mit Mutti in die Stadt, *mußt* du sofort ins Bett, *darfst* heute nicht mehr zum Spielen gehen und morgen auch nicht ..." usw.

Wir denken dabei überhaupt nicht daran, wie ängstlich ein Kind werden kann, wenn es sich „unzulänglich" verhielt und ihm dann *bewußt wird,* daß es sich *anders* verhalten müßte.

Noch folgenschwerer für das Kind können *Strafandrohungen* sein. „Wenn du dich *nicht* ordentlich benimmst ... wenn du *nicht* ganz leise bist und den Papa störst ... dann *mußt* du sofort in dein Bett im dunklen Zimmer ... wenn du deine Suppe *nicht* aufißt, dann sperre ich dich zur Strafe noch einmal im Klosett ein" (Verhalten einer „modernen" jungen Mutter von heute, nicht etwa im vorigen Jahrhundert!).

Ein Kind, das sich derart *bedroht* fühlt, kann mit *vermehrter Angst* reagieren.

Normalerweise ist es so, daß ein Kind sich *anpaßt,* recht oder schlecht. Es erwirbt sich damit unsere Anerkennung, die es sich ja wünscht (und die ihm dann schließlich ja „ordnungsgemäß" zusteht!). „Mit der Zeit werden die sozialen Wertungen *verinnerlicht,* und der Erwachsene sieht dann in ihnen seine persönlichen Ansichten."[7] „Das ist mir in Fleisch und Blut übergegangen", sagt schon ein heranwachsendes Kind, wenn es sich „anständig benehmen" soll. Dazu gehören auch Ordnung, Lernwilligkeit, Fleiß.

Ängstliche Naturen aber reagieren auf solche Forderungen *mit zusätzlicher Angst.* Das kann sich bis ins Erwachsenenalter ausweiten. „Ich bin derart nervös geworden, daß ich nicht mehr sauber und ordentlich arbeiten kann", sagt ein Verwaltungsbeamter. In seinem Unterbewußtsein aber trägt er immer noch jene Angst der Kinderjahre mit sich herum, für eine Unordentlichkeit und Unsauberkeit irgendwie bestraft werden zu müssen. „Ich war schon als Kind immer darauf bedacht, alles das, was meine Eltern von mir erwarteten, besonders korrekt zu befolgen, um die Strafen zu umgehen, die sie mir für unkorrektes Verhalten androhten", sagte er mir.

Wir dürfen nicht übersehen, daß ein gewisser zwangshafter Abwehrmechanismus der Angst durchaus auch *in brauchbare Bahnen gelenkt werden* kann und für bestimmte Berufe sogar intensiv nützlich ist.

Ein Kassierer am Bankschalter muß sorgfältigst – und oft genug „immer wieder" – nachzählen, ob die Anzahl der vereinnahmten und der verausgabten Geldscheine stimmt. Ein Kontrolleur muß „zwingend" den exakten Ablauf kleinster technischer und verwaltungsmäßiger Details prüfen. Er tut das zu seiner eigenen Über-

---

[7] E. Levitt, Psychologie der Angst, Stuttgart 1973.

zeugung – und Beruhigung! – oft genug mehrmals hintereinander. Denn solche Fachleute sind immer auch *von der Angst begleitet,* etwas übersehen und damit einen *Fehler* gemacht zu haben.

Ein Baukranführer muß exakt abgemessene Schaltungen durchführen, um keinen Passanten und keinen Arbeiter zu gefährden und um nichts zu beschädigen durch das, was er sehr behutsam transportiert. Ein Fördermaschinist in einem Steinkohlenbergwerk beobachtet von seinem Hochsitz aus das riesige Drehrad, auf dem das Förderseil läuft. Er ist dafür verantwortlich, daß fünfzig und mehr Bergarbeiter exakt in ihrem Schacht ankommen und nicht in den todbringenden Morast absinken. Er sieht hochkonzentriert auf die Zeichen des laufenden Seiles und empfängt zusätzlich akustische Vorsignale. Er darf sich von seiner Präzisionsarbeit durch nichts ablenken lassen, durch gar nichts. Um diese Tätigkeit richtig beurteilen zu können, bin ich einmal mitgegangen. Ich spürte die äußerst hohe nervliche Beanspruchung dieses Mannes – und hatte Verständnis für das Zwanghafte, das sein Verhalten insgesamt, auch in seinem Privatleben, angenommen hatte.

Der Lokführer eines TEE-Zuges muß während der Fahrt ständig auf einen besonderern Knopf drücken. Sollte er bewußtlos werden und den Knopf loslassen, bleibt der Zug automatisch stehen, damit Hunderten von Menschen das Leben gerettet werden kann. Auch hier wurde mir der Zwangscharakter im Verhalten eines Patienten begreiflich. Ein Pilot eines riesigen Verkehrsflugzeuges muß pausenlos eine Fülle von Signalen sehen und hören, die er in exaktester Weise verwerten muß durch sein fehlerfreies Handeln und Entscheiden, das zu seiner Kontrolle auch noch ständig registriert wird.

Auf einer Kreuzfahrt in die engen Fjorde Norwegens konnte ich auf der Kommandobrücke den jungen Lotsen unseres großen Schiffes aus nächster Nähe beobachten. Er erschien mir wie ein Held, zumal er bei rauhester See in einer winzigen Jolle von Land kam und über eine schwankende Strickleiter an Bord geholt wurde. Er gestand mir persönlich dann, daß er trotz seines Spezialwissens und Könnens dauernd Angst habe, doch einen Felsen unter der Meeresoberfläche zu rammen. Die Angst verfolgte ihn in seinen Träumen. Es war deutlich zwangshaft, daß er immer und immer wieder auf seine Seekarten sah und sich vergewisserte – viel öfter, so schien es mir, als nötig gewesen wäre.

Alle diese Präzisionsfachleute können nur dann vor krankhaften Zwangshandlungen und vor Zwangsvorstellungen bewahrt bleiben, wenn sie in ihrer Kindheit und Jugendzeit *nicht* davon behaftet waren. Das ist eine Feststellung, die ich aus vielen Praxisjahren begründen kann.

Im anderen Falle kann es dazu kommen, daß ihre hochkonzentrierte Wachheit – und ihre superexakte Fehlerverhütung! – *außer Kontrolle gerät.* Sie könnten an ihren Präzisionsschaltern dann Handgriffe tun, die *nicht* mehr „in ihrer Macht" stünden. Sie selbst – und mit ihnen die Gesellschaft – müßten darunter dann empfindlich leiden.

Zusammenfassung

Wer meine Beschreibungen der Abwehrmechanismen aufmerksam las, der hat erkannt, daß jeder *seine* Angst erlebt und versucht, *auf seine Weise* darauf zu reagieren.

- Es gibt keine „Rezepte" dafür, wie man seine Ängste am ehesten oder gar am besten abreagieren kann.
  Denn wer wollte sagen, daß eine einzige Reaktionsform die einzig richtige wäre für ein Kind (und auch für einen Erwachsenen)?
- Die Eltern sollten diesbezüglich also *keine* generellen Ratschläge erteilen oder gar Anweisungen geben.
  Sie sollten ihr Kind um so mehr *beobachten,* um daraus zu erkennen, auf welche Weise es reagiert, wenn es mit seinen Ängsten konfrontiert wird.
- Die Eltern werden dabei feststellen, daß die Abwehrmechanismen *variieren* können. Hier kann ein Kind seine Angstsituation *vermeiden,* dort kann es sie *verleugnen,* in anderer Beziehung möchte es sie ein wenig *überkompensieren.*
- Kein Mensch, auch kein Kind ist nur auf eine einzige Reaktionsform fixiert.
- Die Reaktionsformen können auch *ineinander übergehen.* Es gibt Kinder, die manche Situationen vermeiden *und* verleugnen, die diesen und jenen Abwehrmechanismus also *gleichzeitig* ausüben.
- Das alles muß nicht gleich abnorm oder gar krankhaft sein. Die Eltern sollten aber wissen, daß ihr Kind bei auffälligem Verhalten des Verdrängens, des Fixierens und vor allem der Zwangshandlungen von einem erfahrenen Psychologen und Psychotherapeuten behandelt werden muß.

Die Angst des Kleinstkindes

Die Theorie der Angst nach *S. Freud* besagt, daß die Angst eine physiologische Basis hat. Sie liegt in den Reizungen, die während der Geburt erfolgen. Im Säuglingsalter wird dann die gleiche Art von physiologischen Reaktionen benutzt, um den Organismus auf drohende Gefahren aufmerksam zu machen.

S. Freud hat sich nicht dazu geäußert, *wie* dieser Übergang von der *körperlichen* Angst zu einer *seelischen* Angst vor sich gehen kann. Er begnügte sich damit, festzustellen, daß es diesen Übergang gibt. Die „Geburtsangst" geht über in die *Angst, allein gelassen zu werden* und damit hilflos zu sein.

Aus dieser These *S. Freuds* ergibt sich die Erkenntnis, daß der Säugling erst einmal *ein bestimmtes Stadium seiner geistig-seelischen Entwicklung erreicht* haben muß, damit das Angstgefühl überhaupt auftreten kann.

Wir können durchaus annehmen, daß die „Geburtsangst" die Vorbedingung für ein „erstes Dämmern seelischer Inhalte" ist. (Denker wie *Schopenhauer* oder *Kierkegaard* haben sich philosophisch sehr tiefgründig mit diesem Problem befaßt.) Für den Psychologen wird daraus aber auch verständlich, daß diese Entwicklung nicht rasch erfolgen kann, sondern ihre Zeit braucht.

Im frühen Säuglingsalter können exzessiver Mangel an Sauerstoff, können Hunger und Durst sowie andere unlustbetonte und gar schmerzhafte Reize *Gefahren* darstellen, gegen die der Säugling besonders in den ersten drei Monaten sehr empfindlich ist und die eine „prä-affektive Angst" hervorrufen können [1].

Andere Wissenschaftler sprachen von einer „primären Angst", die bei der physischen Trennung von der Mutter „einfach durch die Zerreißung der Bindung" an die Mutter hervorgerufen wird und schon sehr bald nach der Geburt in Erscheinung treten kann.

---

[1] M. Ribble, Anxiety in Infants, New York 1954.

Mit all diesen Theorien (und auch in der Auseinandersetzung mit *S. Freud!*) befaßt sich eingehend die amerikanische Psychologin *Sylvia Brody* in ihrem Forschungsbericht[2]. *S. Brody* unterscheidet die primären Angstformen sehr deutlich von der *seelischen* Angst und stellt fest:

„Die *Bedrohung,* die durch physische Disorganisation erwächst, ist ein integraler Teil unseres *Denkens,* den wir für die *Basis aller eigentlichen Angst* halten."

Das, was ich als Praktiker seit langem aus der Erfahrung mit Kleinstkindern und Kleinkindern weiß, wird nunmehr also als exaktes Forschungsergebnis deklariert. „Es findet ein *Prozeß der Angstentwicklung* statt."[3]

Die Trennungsangst

Anne, 6 Monate alt, liegt fröhlich in ihrem Körbchen. Die Mutter hält sich im gleichen Zimmer auf und betätigt sich, schaut auch mal ins Körbchen und wendet sich der Kleinen zu, geht zum Spültisch in einer dunklen Ecke des Zimmers und überläßt die Kleine eine ganze Zeit lang sich selbst. Die Augen *Annes* folgen der Mutter. Da verläßt die Mutter das Zimmer. *Anne* schreit! Die Mutter geht nur bis in den Keller, aber je länger sie wegbleibt, um so mehr schreit *Anne.* „Das Schreien kommt mir *eher zornig als ängstlich* vor", sagt die Mutter. „Manchmal kann *Anne richtig wütend* schreien. Es ist so, als wollte sie mir damit erklären: ‚Ich *will* nicht, daß du mich alleine läßt!'"

S. Brody bestätigt durch ihre fundierten Reihenuntersuchungen amerikanischer Mütter und ihrer Kleinstkinder, „daß die Kinder *eher Zorn als Angst* zeigen" bei zeitweiser Trennung von der Mutter. „Das sechs Monate alte Kind hat viel weniger etwas gegen das Weggehen der Mutter einzuwenden als gegen die Beendigung des direkten physischen Kontaktes mit ihm. Die Kinder *protestieren* am meisten, wenn sie hingelegt wurden, nachdem sie auf dem Arm gehalten worden waren, und am wenigsten, wenn sie alleine in einem Raum gelassen wurden, während sie die Mutter hören und sehen konnten. *Alleingelassen werden an sich war aber kein Grund für Beunruhigung.*"[4]

---

[2] S. Brody, Anxiety and Ego Formation in Infancy, New York 1970. Deutsche Übersetzung, Angst und Ich-Bildung in der Kindheit, Stuttgart 1974.

[3] A. a. O.

[4] A.a.O.

Markus, 11 Monate, spielt in seinem Laufställchen. Die Mutter, die bis dahin zusammen mit dem Kind in einem Zimmer war, zieht ihren Mantel an und setzt ihren Hut auf. *Markus* hat offenbar längst begriffen, daß er nun eine Zeitlang allein bleiben muß. Die Mutter sagt auch noch: „Mama geht jetzt einkaufen. Du sollst *nicht* schreien! Du *mußt* ganz, ganz lieb sein!"

Das ist schon beinahe eine Drohung! Aber *Markus* bleibt ruhig. Er weint nicht, er brüllt nicht, er spielt allein weiter. Er empfindet es nicht als Störung, von der Mutter getrennt zu sein. Er hat sich mit dem Alleinsein abgefunden.

Eine solche Reaktion ist normal. Wir wollen nicht verkennen, welche enorme Reife die psychische Entwicklung erlangt hat. Der kleine *Markus* hat bereits eine erhebliche *Sozialfähigkeit* erlangt!

S. Brody verweist auf die Bedeutung der „zunehmenden Fähigkeit des normalen Säuglings, eine Trennung von der Mutter zu ertragen, und sein Bedürfnis, die Erfahrungen der Trennung und der Rückkehr zu ihr zu *üben,* wenn erst die Lokomotion erreicht ist". (*Lokomotion* ist die Selbstbewegung eines Organismus, hier zu verstehen als das intellektuell gesteuerte Realisieren einer Verhaltensmöglichkeit.)

Eine halbe Stunde der Trennung von der Mutter kann für ein Kleinstkind eine lange Zeit sein. Es gibt aber auch Kleinstkinder, die mehrere Stunden allein gelassen werden können, tagsüber wohlgemerkt, wenn sie nicht schlafen.

S. Brody hat die verschiedenen Reaktionsweisen von Kleinstkindern erforscht, sowohl dann, wenn die Mutter fortgeht, als auch dann, wenn sie zurückkehrt. Die Skala geht vom Weinen bis zur großen Freude und dem festen Anklammern an die Mutter bei ihrer Rückkehr. Es gibt bei manchen Kleinstkindern „eine verminderte Aktivität", die vielleicht wie „Traurigkeit" anmuten kann, aber es gibt dabei *keine deutlichen Angstsymptome.*

S. Brody hat von vielen Müttern die Auskunft erhalten, daß für deren Kind „überhaupt kein Grund bestand, betrübt zu sein, da es *daran gewöhnt* sei, daß die Mutter oft weggeht".

Diese *Gewöhnung an das Alleinsein* ist eine bedeutsame Forderung an das Kleinstkind. Das kleinste Kind in einem Geschwisterkreis hat es leicht. Es ist dauernd umgeben von fröhlichem Betrieb, von pulsierendem Leben. Da wird gespielt und gesungen, da wird das Kleinstkind auch noch gewiegt, vielleicht gar in einer Wiege, mit rhythmischen Bewegungen, vielleicht sogar noch mit einfachen Kinderliedchen (die alle nicht von ungefähr „Wiegenlieder" heißen), oder wenigstens wird es in seinem Rollenbettchen hin und her bewegt. (Denn Rhythmus und Melodie haben direkten Einfluß auf die Differenzierung des Großhirns, wie die Heilpädagogik längst weiß.) Für einen Außenstehenden ist es nahezu „rücksichtslos", wie größere Kinder im Spiel mit dem Allerjüngsten so umgehen. Aber das alles bedeutet für das Kleinstkind *Geborgenheit* und *Sicherheit.* Die Geschwisterkinder brauchen gar nicht mal besonders zimperlich zu sein, sie brauchen das Kleinste nicht „ängstlich zu schonen". Um so weniger wird es dann schreckhaft. Zudem lernt es rechtzeitig, zu „protestieren", wenn es ihm „zu bunt" wird! Da ist dann das eine Geschwisterkind fort, da kommt das andere zurück, und da sind sie auf einmal alle weg, und das Kleinstkind bleibt gerne eine ganze Zeit lang alleine. (Denn es weiß längst, daß einer aus der Familie bestimmt bald wieder da ist!)

Das *Einzelkind* dagegen muß das Alleinsein schon sehr früh *lernen.* Je weniger ihm das gelingt – und je weniger die Mutter dafür Verständnis hat, daß das ein langwieriger Prozeß sein kann –, um so mehr kann das Kind eine *Angstbereitschaft* entwickeln.

Das gilt vor allem für ein Kleinstkind, das *länger* als nur für kurze Zeit allein gelassen wird, wenn die Mutter berufstätig ist, halbtägig oder ganztägig. Es gilt auch für jene Kleinstkinder, die statt der leiblichen Mutter irgendeine „Bezugsperson" bekommen sollen. Zur Großmutter freilich kann das Kleinstkind einen innigen Kontakt haben. Großmütter können prächtige „Ersatzmütter" sein, aber möglichst nur zeitweise, lediglich als Miterzieher, so wie es in Großfamilien seit eh und je üblich ist.

„Entscheidend für das Wachstum und Gedeihen eines Kindes ist die seelische Beziehung zwischen Mutter und Kind. Viele Säuglinge müssen durch längere Trennung von ihren Müttern eine tiefe seelische Entfremdung hinnehmen. *Mutter* – das ist für das Kind, lange bevor sich in ihm die Kräfte des Verstandes entfaltet haben, einfach *alles:* Nahrung und pulsierendes Leben, *Schutz* und vor allem Liebe. Vielleicht ist es die tiefste Tragik, die ein Mensch in seinen allerersten Lebensjahren erfahren kann, wenn er ohne die leibhafte und gemütstiefe *Bindung an die Mutter* aufwachsen muß."[4]

Das Muttergefühl ist eine „Ur-Bindung" im Kinde. Es gibt eine Anzahl von sogenannten „Kinderneurosen", die auf den *Liebesentzug* der Mutter zurückgeführt werden können. Wenn dem

---

[4] W. Hemsing, Kinder- und Jugenderziehung, Handbuch für Eltern und Erzieher, Aachen [5]1973.

Kleinstkind ein bestimmtes Maß an mütterlicher Liebeswärme *nicht* zuteil wird, so kann es sich nicht entfalten. Es verkümmert seelisch. (Nicht von ungefähr sprechen wir vom „seelischen Hospitalismus" bei Heimkindern, die doch mit vielen anderen, mit Kindern und geschultem Pflegepersonal dauernd zusammen sind und sich trotzdem *nicht* geborgen fühlen, damit auch *nicht* selbstsicher in ihrer Welt sind, weil sie nicht erleben, daß sie von ihrer *Mutter* geliebt werden!)

„Allein gelassen an sich war aber *kein* Grund für Beunruhigung", bestätigt *S. Brody,* die freilich nur Mütter *mit* ihrem Kind untersuchte. Demgegenüber – oder jedenfalls zusätzlich – muß ich feststellen: Bleibt ein Kleinstkind – und auch ein Kleinkind! – *ohne* seine Mutter, dann erst kann es sich *allein* fühlen.

„Mutterseelenallein": das ist ein vielsagendes und tiefgründiges Wort aus unserer Umgangssprache. Es bringt zum Ausdruck, daß ein Kind sich in seiner Hilflosigkeit den unbekannten Mächten seiner Umwelt *ausgeliefert* sieht. Ohne die innige Bindung an seine Mutter ist es gänzlich wehrlos. In seiner Ohnmacht fühlt es sich *in die Enge gedrückt* – und erst dadurch kann sich seine Angstbereitschaft lebenshemmend verdichten.

Die Fremdenangst

Michaela, 10 Monate, ist an allem, was es in ihrer kleinen Welt gibt, sehr interessiert. Sie krabbelt auf dem Teppichboden herum, kriecht fröhlich unters Sofa bis in die allerdunkelste Ecke und spielt auch zufrieden weiter, wenn plötzlich mal das Licht ausgeht. Sie hat einmal arglos eine Wespe angefaßt und ist scheußlich gestochen worden. Seitdem weiß sie offenbar, daß man mit Wespen „nicht spielen" darf. Ein Schwarm Tauben ist einmal dicht vor ihrem Kopf plötzlich aufgeflattert. *Michaela* ist so zusammengefahren und hat geweint, weil man sie so *erschreckt* hatte. Beim nächstenmal in der gleichen Situation (Tauben auf dem Marktplatz!) freute sie sich sogar und lachte hell auf. Bekannte kamen zu Besuch und brachten einen Hund mit, einen Boxer. „Der ist sehr friedlich", sagten die Besitzer zum Vater. Die Mutter hatte diese Erklärung aber nicht gehört, kam ins Zimmer, sah, daß der große Hund *über* dem kleinen Kinde stand und die Kleine ihn anfassen wollte. „Michaela!" schrie die Mutter laut auf und eilte zu ihrem Kind, um es vor dem Hund zu bewahren. Da erst weinte *Michaela* laut auf, erschreckt vom ungewohnt lauten Brüllen der Mutter!

Der Großvater brachte einen dicken bunten Ball mit, rollte ihn *Michaela* zu, die bäuchlings auf dem Boden lag, und stellte plötzlich einen schwarzen Koffer dicht vor sie, damit sie den Ball nicht mehr sah. *Michaela* weinte jämmerlich, ihr Gesicht hellte aber wieder auf, als der dumme Opa den Koffer schleunigst entfernte!

Michaela hat schon viele Lebenserfahrungen gemacht. Alles, was ihr neu und deswegen ungewohnt erscheint, kann sie erst einmal „durcheinander bringen", kann auch Angstbereitschaft erzeugen. Sie mußte eine Woche ins Krankenhaus. Als sie zurückkam, war die Wohnung renoviert, alle Möbel waren umgestellt, sogar ihr Bettchen stand woanders. Sie fand sich nach anfänglicher Unsicherheit rasch wieder zurecht in ihrer kleinen Welt. Sie stellt sich vor Übermut auf ein Bein, hebt das andere Bein hoch, läßt sich nach hinten auf den Boden plumpsen und jauchzt dabei jedesmal laut vor Freude. Wenn ihr großer Bruder zu Karneval eine Negermaske vor dem Gesicht hat, wird sie nicht ängstlich, denn sie hört ja seine Stimme und erkennt ihn wohl auch sonst. Auch die vielen langen und sehr bunten Federn des brüderlichen Indianerkopfschmuckes irritieren sie nicht. Als der Vater einmal mit einem hohen schwarzen Zylinder ins Zimmer trat, war sie verängstigt. Als eine Tante mit einem schwarzen aufgespannten Regenschirm dicht an ihr Bettchen trat, hat sie geweint. Aber das ist lange her.

Heute ist sie längst nicht mehr „so dumm": ihre Wahrnehmungswelt hat sich mehr und mehr durchgliedert. Ihre Beobachtungsfähigkeit ist schärfer geworden, ihr Denkvermögen hat sich differenziert. Alles aber, was sie nicht gleich zuordnen kann zu ihren bisherigen Wahrnehmungen und Erfahrungen, kann sie zunächst etwas verängstigen. Denn alles Unbekannte ist einem Kleinstkind fremd, und *Fremdes* kann ihm bedrohend erscheinen.

Mein allzu früh verstorbener Freund, der bekannte Schweizer Psychoanalytiker *Hans Zulliger* (wie ich viele Jahre hindurch Lehrer an einer einklassigen Schule, wodurch er freilich mehr Zeit zum wissenschaftlichen Denken und psychologischen Forschen hatte als ein allzu engagierter Professor von heute), meinte, „das Vermissen der geliebten und ersehnten Person" sei der Grund für die Angst vor dem Alleinsein, und „von da an ist der Weg zum Verständnis der Angst und der Vereinigung der Widersprüche, die sich an sie zu knüpfen scheinen, frei"[5]. *Zulliger* meint, es habe „den Anschein, als ob diese Sehnsucht in Angst umschlüge".

---

[5] H. Zulliger, Die Angst unserer Kinder, Stuttgart 1966.

Ich kann mich dieser Auffassung nicht anschließen. Zunächst muß festgestellt werden, daß sich keineswegs jedes Kind allein gelassen fühlt, wenn es eine Zeitlang sich selbst überlassen ist. Ich muß immer wieder betonen, daß es vitale Kinder von robuster Natur gibt, die sich daraus „überhaupt nichts machen", wie die Mütter zu ihrer Rechtfertigung gern sagen. Jedenfalls zeigen sie keine Anzeichen von Angstgefühlen.

Es sind immer die *sensitiven* Kinder, die ihre Mutter vermissen. Man kann ihnen eine andere „Bezugsperson" geben – die Tante, die Großmutter, eine Pflegerin im Heim oder im Sanatorium –, aber sie fühlen sich immer noch „mutterseelenallein" – und sie haben *Angst,* weil sie die mütterliche Geborgenheit entbehren. (Und wenn es gar mehrere „Bezugspersonen" und „Ersatzmütter" sind, die man dem Kinde geben möchte, hintereinander, dann kommt es zu schier pausenlosen Ängsten des Kindes!)

Eine „Sehnsucht" allerdings ist dies *nicht.* „Ich kenne kein Kind, das Sehnsucht fühlte." So schreibt *Eduard Spranger* und fährt fort: „Aber einen Jugendlichen ohne Sehnsucht kann ich mir nicht vorstellen; er hätte kein innerliches Leben."[6]

Diese Verinnerlichung, die Beseeltheit – aus der Sehnsucht erwachsen kann –, ist dem Kinde noch unbekannt. Beim Kinde handelt es sich um nicht mehr und nicht weniger als um *Leere.* Es fehlt dem Kind die ständige und feste Bindung an seine leibliche Mutter. Diese Bindung ist für das Kind *lebensnotwendig.* Sie ist durch nichts zu ersetzen.

S. Brody hat 8 Reaktionsformen des Kleinstkindes *auf Fremde* herausgestellt:

„*1. Spontanes Entgegenkommen*

Das Kind wendet sich von sich aus dem Fremden zu, oft zuerst schüchtern oder kokett, später ganz offen.

2. Reaktives Lächeln

Das Kind wendet sich nicht von sich aus dem Fremden zu, reagiert aber auf sein Entgegenkommen. Dies schließt auch mechanisches Lächeln ein (auch „werbendes Lächeln" zu nennen).

3. Prüf-Verhalten

Das Kind blickt den Fremden ruhig und stetig an. Es „schätzt ihn

---

[6] E. Spranger, Psychologie des Jugendalters, Berlin 1928.

ein“, verliert dabei nicht seine Haltung, vermindert dabei aber vorübergehend seine Aktivität. Es mag dann lächeln oder zu seiner vorherigen Betätigung zurückkehren oder auch fortfahren, den Fremden zu beobachten, jedoch ohne jedes Zeichen des Unbehagens.

4. Unveränderliche Nüchternheit
Das Kind beobachtet den Fremden die ganze Zeit ängstlich, sein Gesichtsausdruck ist unruhig, und seine Aktivität ist deutlich vermindert. Es gewinnt auch nicht seine gute Laune wieder und wendet sich nicht anderen Objekten zu, solange der Fremde da ist.

5. Leichte allgemeine Ängstlichkeit
Das Kind reagiert mit leichtem, aber deutlichem Unbehagen in der Form von Wimmern, Sich-Abwenden oder Unruhe. Dieses Unbehagen wird durch Augenkontakt, physische Nähe des Fremden oder Berührung durch ihn noch angefacht. Das Kind ist weiter vorsichtig, und seine Aktivität ist minimal, solange der Fremde da ist.

6. Starke allgemeine Ängstlichkeit
Das Kind reagiert mit akutem und anhaltendem Unbehagen, indem es sich ängstlich anklammert, weint oder in Panik gerät und vermeidet, den Fremden anzusehen. Es kann kaum beruhigt werden, solange der Fremde anwesend ist.

7. Spezifisches Vermeiden
Das Kind „friert ein“ oder zieht sich körperlich zurück beim Anblick bestimmter Personen (Arzt oder ein ältlicher Nachbar) oder auch vertrauter Personen, wenn sie ungewöhnlich aussehen (Großmutter, wenn sie ihre Brille aufsetzt) oder wenn man sich ihm plötzlich nähert (Verwandte, die zu Besuch kommen).

8. Kein unterschiedliches Verhalten
Der Fremde wird nicht bemerkt, oder das Kind reagiert nicht auf ihn, als ob es keinen Unterschied zwischen ihm und der Mutter bemerkte.“

Das unter 7. von *S. Brody* genannte *Vermeiden* ist als ein erster Abwehrmechanismus des Kleinstkindes gegen die Angst zu bezeichnen. Es gibt Kinder, die auch dann, wenn sie älter werden, den fremden Menschen – und alles Fremde – umgehen und ihm ausweichen, um damit Ängste zu *vermeiden*. Wer wollte ihnen das einfach „abgewöhnen"?

Wenn *Brody* unter 8. feststellt, daß es Kleinstkinder gibt, die auf Fremde „überhaupt nicht reagieren", so wird es sich ganz offenbar um solche handeln, deren Intelligenz gering ist (sofern nicht ihre Sehfähigkeit oder Hörfähigkeit beeinträchtigt ist, was oftmals leider erst spät erkannt wird). Ich sehe darin eine Bestätigung meiner Auffassung, daß zur Angstbereitschaft ein bestimmter Grad von Intelligenz gehört.

Trennungsangst und Fremdenangst können als die angstbildenden Faktoren im Kleinstkindalter angesehen werden. Angst vor dem Fremden ist immer Angst vor dem Unbekannten. Das Unbekannte kann für das Kleinstkind um so bedrohender erscheinen, je weniger das Kind sich geborgen fühlt in den liebenden Armen seiner Mutter, je weniger es sich eingebettet fühlt in eine schützende Familie, in eine feste Gemeinschaft.

Für Kleinstkinder, die ohnehin zur Angst disponiert sind, gilt das in besonderem Maße. Daher hat jeder darum besorgt zu sein, daß dem kleinen Kinde die Sicherheit seiner Welt belassen bleibt. (Die Tante soll also gefälligst ihren neuen dicken Pelzmantel und die hohe Pelzkappe erst einmal ausziehen, bevor sie sich übers Kinderbettchen beugt!)

Die Angst des Kleinkindes

Eva, 3 Jahre, hat bisher immer im dunklem Zimmer geschlafen. Jeden Abend beim Zubettgehen ist ein bestimmtes *Schlafzeremoniell* abgelaufen, wie es für jedes Kleinkind selbstverständlich sein sollte:

Eine kleine Geschichte, ein Liedchen, ein Nachtgebet, ein paar sehr liebe Worte, ein Gutenachtkuß der Mama und das Streicheln über Kopf und Wangen; das Zurechtlegen der Stoffpuppe und des Teddybären, die schon längst so müde sind und mitschlafen wollen; das Zurechtzupfen der Bettdecke und das „feste Einpacken in ein Paket" (damit „an keiner einzigen Stelle noch kalte Luft an die liebe kleine *Eva* kommen kann"); das Zuziehen der Fenstervorhänge, das Ausschalten des Lichtes, das leise Schließen der Türe (und das alles ohne Hast, ohne Eile, dafür aber mit um so mehr liebevoller Zuwendung zum Kinde!). *Eva* ist auch immer sofort brav eingeschlafen.

Jetzt auf einmal aber hat *Eva* Angst vor der Dunkelheit! Sie verlangt, daß die Türe offen bleibt. Die Mutter soll auch die Türe vom Flur zum Wohnzimmer offen lassen. Die Lampe im Zimmer soll eingeschaltet bleiben. Aber *Eva* schläft trotzdem nicht ein und ruft immer erneut angstvoll nach der Mutter.

Viele Eltern machen jetzt einen Fehler nach dem anderen. Die Mutter hält an *einem* Abend die Hand *Evas* fest. Das Kind will dann, daß die Mutter das jeden Abend tut. Um das Kind zu besänftigen, versprechen ihm die Eltern, heute abend nicht auszugehen. Das Kind will dann, daß es *jeden* Abend nicht allein gelassen wird, weil es „immer solche Angst" hat.

Eine schier endlose Kette von „Zwangsmaßnahmen" kann sich daraus ergeben, bis hin zu dem Zustand, daß Vater und Mutter *mit dem Kinde zusammen zu Bett gehen,* das Kind sich schließlich auch noch – wie damals, als es noch ganz klein war – mit ins Bett der Eltern legen darf, um endlich einzuschlafen und dann meist auch durchzuschlafen. Denn manchmal schreit das Kind im Traum auf, wird dann wach, hat Angst (die durch die Träume verdichtet sein kann) und will dann ohne die – oftmals sehr mühsamen – „Hilfestellungen" der Eltern nicht erneut einschlafen.

Wichtiger wäre es, wenn die Eltern sich fragen würden, *warum* ihr Kind sich jetzt auf einmal so verhält:

Ein kleines Kind lebt im Einklang mit seiner Welt. Es fühlt sich innig umschlossen von allen Dingen, auch von allen Menschen seiner kleinen Umwelt. Alles ist ihm vertraut. Umwelt und „eigenes Persönchen" werden wie eine Einheit erlebt.

Mit etwa 3 Jahren aber entsteht in dem Kind ein *Ich-Gefühl.* Das Kind erlebt, daß sich sein eigenes *Ich* recht deutlich abhebt von all dem, was in seiner Umgebung lebt und was dort vor sich geht. Es beginnt hier also ein ganz anderes *Weltgefühl* im Kinde. Die Welt wird jetzt mehr und mehr „das ganz Andere", das dem kleinen Ich „gegenübersteht".

Diese andere Welt enthält auch viel Fremdes – und daher *Unheimliches.* Bis jetzt war für das kleine Kind alles geistig-seelische Erleben „heimelig", vollzog es sich doch in seinem eigenen Heim, in der elterlichen Wohnung, wo es nichts anderes gab als die uneingeschränkte Liebeszuwendung der Eltern, nichts anderes vor allem als die ungestörte Geborgenheit „im Schoße der Mutter", wie man so schön sagt – und wo kein fremdes Wesen störend und gefahrvoll eindringen konnte.

Evas großer Bruder hatte ihr kürzlich von einem „schwarzen Mann" erzählt, der nachts kommt, wenn es in ihrem Schlafzimmer ganz dunkel ist, der die kleinen Mädchen mitnimmt, sie einsperrt und schließlich mit Haut und Haaren auffrißt, unten im dunklen Keller, wo er haust.

Bis dahin war *Eva* immer fröhlich mitgetrippelt, wenn Mutter auf den dunklen Speicher ging oder Vater im dunklen Keller etwas suchte, wenn plötzlich das Licht ausging. Ja, sie fand das sogar immer besonders lustig! Sie versteckte sich sogar im dunklen Zimmer und harrte lange aus, bis die Mutter sie schließlich fand. „Mama, warte auf mich!" So ruft sie jetzt aber ängstlich, und einmal zitterte sie dabei am ganzen Körper. Sie hält sich krampfhaft an der Mutter fest und achtet sehr darauf, daß sie *vor* der Mutter aus dem Keller nach oben gehen kann, nur ja nicht hinter der Mutter. Sie geht nicht einmal mehr mit in die Garage, wenn der Vater abends da noch was handhaben will. „Ich hab' Angst", hat sie einmal gesagt, „da ist es so fremd."

Angst vor dem Fremden ist immer Angst vor dem, was einem *nicht vertraut* ist – vor dem also, dem einer gänzlich ausgeliefert ist, in dem er verloren ist, unrettbar und ausweglos verloren.

Angst ist letztlich immer Angst vor dem Tode. Das Sterben, das Beenden des Lebens, ist freilich kaum deutlich vorstellbar, jedenfalls nicht bei einem Kinde. Das Kind weiß zum Glück noch zu wenig vom Tode, vom Sterbenmüssen. Ich bin der Auffassung, daß eigentliche Todesangst wohl nur von einem Erwachsenen erlebt werden kann, einem Schwerkranken, der „um sein Leben ringt" und sogar „mit dem Tode kämpft", wie wir sagen. Ich halte es nicht für möglich, daß ein Kind „den Tod vor Augen sehen" kann.

Wenn wir von einem Kinde sagen, es hätte „Todesängste ausstehen" müssen, so meinen wir damit doch wahrscheinlich immer nur dieses *Gefühl des gänzlichen Ausgeliefertseins an eine „unheimliche" Macht.*

Die *Dunkelheit* ist eine solche „Macht". Sie ist dem Kinde, das die „Spaltung in Ich und Welt" jetzt zu begreifen – besser gesagt, zu ahnen – beginnt, unheimlich.

Unbekanntes kann Gestalt annehmen. Es kann als der schwarze Mann erscheinen, als böse Hexe, als dunkles Untier, als schwarzverkleideter Räuber. Das kleine Kind hat bisher alle Bilder von Hexen und Räubern als *komisch* angesehen und sich über sie gefreut, auch dann, wenn sie in Bilderbüchern, im Kasperltheater, im Kinderfernsehen sehr drastisch gezeichnet sind. Denn alle „bösen" Hexen und Tiere, die dem Kinde „etwas antun" wollen, werden am Ende immer ungefährlich gemacht, werden eingesperrt und dürfen niemals wiederkommen.

Dieser Welt der harmlosen Bilderbuchgeschichten ist das Kind jetzt aber ganz offenbar entwachsen. „Es ist lächerlich, daß du dich fürchtest, wenn du allein in deinem Bettchen liegst. Es gibt überhaupt keinen schwarzen Mann." So sagt manche Mutter. Der Vater ist schließlich noch verärgerter und schimpft: „Stell dich nur nicht so dumm an. Wir wohnen im 3. Stockwerk, da kann kein einziger Räuber durchs Fenster hereinkommen." Solche Worte helfen aber nur sehr wenig.

Manche Mutter versucht, das Kind von seinen Angstgefühlen *abzulenken.* Das kann gelingen, wenn man es geschickt tut. (Ich habe meinen eigenen Kindern in jenen Jahren gern eine Gutenachtgeschichte erzählt, die besonders lustig war.) Das Kleinkind kann *unangenehme* Vorstellungen vergessen, wenn es angeregt wird, sich mit *angenehmen* zu beschäftigen.

Solches Ablenken kann aber nur von vorübergehender, vielleicht nur scheinbarer Wirkung sein. Dadurch lernt das Kind jedenfalls nicht, seine eigenen Angstzustände zu verarbeiten, wenn seine Angstvorstellungen zu intensiv und zu nachhaltig sind. Verstandesmäßig können wir nur wenig gegen die Kindesangst tun. Was gefühlsmäßig derart tief sitzt, kann mit belehrenden Worten nicht entwertet werden. Das *Gefühlsmäßige* ist beim Kinde *vorrangiger* als das Verstandesmäßige.

Wenn wir dem Kinde helfen wollen, seine Ängste abzubauen, so können wir das nur dadurch tun, daß wir *etwas anderes an seine Stelle setzen,* einen Gegenwert also, der *stärker ist als die Angst.* Je älter das Kind wird, um so mehr wird es nämlich begreifen, daß seine Welt voll sein kann von Eindrücken – und auch Erlebnissen! –, denen es nicht gewachsen ist, die es nicht zu bewältigen vermag, die ihm fremd und schließlich unheimlich bleiben.

Wir können dem Kinde *Vertrauen einflößen in die Kraft der Eltern* und damit auch *in seine eigenen Kräfte.*

„Meine Eltern sind ja bei mir, die schützen mich vor allem." Ein Kind mit solchen Gefühlen der Geborgenheit und Sicherheit legt seine Ängste ab. Mit dieser inneren Gefestigtheit geht es sogar daran, seine kleine Welt kennenzulernen und zu erobern. Es klettert auf dem neuen Kinderspielplatz am Waldrand durch die sehr lange Kriechröhre (in der es „kohlrabenschwarz" ist, weil sie um eine Ecke führt!). Es geht sogar alleine ein Stück in den dunklen Tannenwald hinein, bewaffnet mit Vaters dickem Regenschirm. „Ich bin ja hier, ich bleibe am Wege stehen, geh nur ruhig noch ein Stück weiter, ich sehe dich ja immer", ruft der Vater ihm zu. (Noch weiter sollte der besorgte Vater sein Kleinkind aber *nicht* alleine laufen lassen. Auch auf dem beigefügten Foto steht der Vater schließlich kaum 10 Meter dahinter. Die unsichere Welt von heute – und besonders der dunkle Wald! – ist voller Gefahren, die der Seele des Kindes schaden müssen, ihm sogar körperlichen Schaden zufügen können.)

Peter, 5 Jahre, streift neuerdings gern „auf eigene Faust" durch den Wald oberhalb des Hotels, in dem seine Eltern alljährlich wohnen, und tritt im Tannendickicht plötzlich in den Kadaver eines großen Tieres. Es ist der Schäferhund des Hotels, mit dem Peter seit 3 Jahren spielte, der sogar sein bester Freund war. Das Tier wird seit Monaten vermißt. Irgendeiner, der vermutlich seinen Revolver „ausprobieren" wollte, muß das Tier angeschossen haben. Jedenfalls ist es dort elend verblutet. Peter läuft kreidebleich vor Angst und Schrecken ins Hotel und ist zunächst unfähig, zu sagen, was passiert ist.

Für ein Landkind, ein Kind eines Försters oder eines Jägers mag so etwas belanglos sein. Peter aber, ein zartes und sensitives Kind

Foto: Alfred Kutschera

eines Großstadtarztes, ist von diesem für ihn grauenhaften Erlebnis tief betroffen. Er träumt von seinem Hund, träumt von Toten und Mördern, schläft sehr unruhig, wacht oft schreckhaft auf. Er geht seitdem nie mehr in den Wald, auch nicht in Begleitung seines Vaters.

Die Menschen der Vorzeit mieden jeden Ort, an dem sie auf ein totes Tier, erst recht auf einen toten Menschen stießen. Sie verbanden damit offenbar die heftige Angstvorstellung, ihnen selbst könnte dort ebenfalls der Tod drohen. Geht es uns Menschen von heute nicht ebenso? Wir haben Angst vor solchen Stätten. Als ich Dorfschullehrer war, hatten Kinder und Erwachsene Angst vor dem Grab eines Mörders, der vor mehr als hundert Jahren ganz hinten an der Kirchhofsmauer beerdigt wurde, als ob von dort immer noch Unheil kommen könnte. Wer könnte diesen Menschen solche Angst ganz nehmen?

Die Ärzte sprechen von der *Prophylaxe,* von der Vorbeugung und Verhütung von Krankheiten. Dieses griechische Wort bedeutet eigentlich „Vorpostenwache". Auch die Eltern von heute sollten in vielem „auf Vorposten stehen", um ihr Kind vor unerwarteten Begegnungen zu bewahren, die ihm seelische Ängste einjagen müssen. Dazu kann auch der Wald gehören. (Das sage ich, obwohl ich ein leidenschaftlicher Waldfreund und Wanderer bin: bin ich doch unlängst auf einem Waldpfad oberhalb eines friedlichen Ferienortes von einem streunenden Hund angefallen und gebissen worden. Haben wir ein Recht, Gefahren für unsere Kinderwelt einfach zu bagatellisieren?)

Es ist töricht, einem ängstlichen Kleinkind die „unsinnige" Angst abgewöhnen zu wollen, indem man es zwingt, in den Keller zu gehen, um es „mutig" zu machen. Sinnvoller ist es, wenn der Vater am hellen Tage das Kind bei der Hand nimmt und es im Keller überall herumführt, ihm die Winterkartoffeln, die anderen Vorräte, die Kisten und Kästen mit interessanten alten Dingen zeigt, aber keine bösen Gespenster. „Es tickt aber immer so komisch, dahinten in der Ecke", sagt das Kind. Der Vater zeigt ihm, daß es die Wasseruhr ist, sonst nichts.

Auf solche Weise können Kindesängste abgebaut werden. Das Kleinkind kann seine *Scheinwelt* noch nicht genau von der *Wirklichkeit* trennen. Da, wo es nichts *sieht,* wächst die Phantasie – und mit ihr die Angst.

Insbesondere die Dunkelheit ist es, die das Kind zu ersticken droht. Die experimentelle Psychologie hat nachgewiesen, daß die räumliche Orientierung des Kleinkindes viel ausgeprägter von der *optischen Wahrnehmung* abhängt, als es beim erwachsenen Menschen der Fall ist. Ein Kleinkind, das seine nächste Umgebung nicht *sehen* kann, kann sich nicht orientieren. „Ich weiß nicht mehr, wo ich bin!" Das war der laute Angstschrei, den ich nachts in meinem Hotelzimmer hörte. Auf dem Flur stand zitternd im Schlafanzug eine Fünfjährige, deren Eltern nachts noch einmal in die Hotelbar hinuntergegangen waren, ohne ihr etwas davon zu sagen. Hinter diesem Hilfeschrei steckte der angstvolle Ausruf: „Ich weiß gar nicht mehr, ob ich überhaupt *da* bin!" Tatsächlich ist es so, als ob das Kleinkind gar nicht mehr weiß, ob es *existiert,* wenn nichts da ist als Dunkelheit.

Es dauert lange Zeit, bis ein Kind lernt, auch seine anderen Sinnesorgane zu benutzen, zu hören, zu tasten, sich fühlend vorwärts zu bewegen, um der Dunkelheit zu entgehen.

Ein Kind kann aber nur dann orientierungssicher und damit lebenssicher werden, wenn seine Eltern ebenfalls selbstsicher sind, frei von beklemmenden Unsicherheitsgefühlen, von Lebens- und Existenzängsten. Die starke *Lebenskraft der Eltern* ist es, die sich auf das Kind überträgt!

Auch der erwachsene Mensch sucht nach einer „stärkeren Macht", um seine Angstgefühle zu überwinden. Ich bin behandelnder Psychologe, kein Theologe. In meiner langjährigen Praxis habe ich immer wieder erlebt, daß religiöse Menschen eine *feste Bindung* an ihren Gott haben, auf den sie *hingeordnet* sind, in dessen Allmacht sie sich *geborgen* fühlen, durch den all ihre Ängstlichkeit und Verlorenheit aufgehoben ist. Ich habe immer wieder festgestellt, daß Kinder aus Familien mit *echter Religiosität* ihre kindlichen Ängste viel leichter abtun als andere, deren Eltern existentiell „im Nichts" leben.

Es kann für das weitere Leben des Kindes entscheidend sein, wie die Eltern – und freilich auch die Großeltern! – sich bei seinen Ängsten verhalten. Denn kindliche Angst ist ernst zu nehmende *Lebensangst.*

„Wann ist das Ich reif genug, um Angst zu erleben?" So fragt *Sylvia Brody* (in dem genannten Forschungsbericht). Sie kommt zu dem Ergebnis, daß das Auftauchen des Affektes der seelischen Angst und die Anfänge der Ich-Bildung im Zusammenhang miteinander stattfinden. *„Angst ist einer der Hauptaffekte, durch den das Ich ins Leben gerufen wird."*

Man mag diese Formulierung als überspitzt ansehen, aber schließlich wird hier durch exakte Forschung bewiesen, was der Praktiker seit langem weiß. Die *Durchgliederung der Wahrneh-*

mungswelt ist es, die im Kleinkind Angst entstehen läßt. Größeres Denkvermögen und vor allem wachsende Vorstellungsfähigkeit zeigen dem Kinde jetzt *die Möglichkeiten der Bedrohung* an, die das weniger denkfähige Kleinstkind noch nicht zu sehen und zu erkennen vermochte (und sich auch nocht nicht „ausmalen" konnte!). Die sorglose Unbekümmertheit des Kleinstkindes – die wir so gern als naive *Selbstsicherheit* ansehen möchten – kann in vielem auf mangelndes Denkvermögen zurückgeführt werden. Jetzt wird das Denken differenzierter – und hat *Selbstunsicherheit* zur Folge. Der spontane Bewegungsdrang kann dadurch gehemmt werden. Überall sieht das Kleinkind – das nun nicht mehr „so dumm" ist! – Bedrohungen, die es einschüchtern und ihm Angst einflößen können. Man kann tatsächlich sagen:

Mit wachsender Denkfähigkeit erhöht sich die Angstbereitschaft des Kleinkindes.

Es gab eine Zeit, in der die Wissenschaftler meinten, durch das „Trauma der Geburt" des Menschen (das griechische Wort *trauma* heißt *Verletzung*!) werde auch die Angst „geboren", und jede spätere Angstsituation entspreche symbolisch der „Geburtsangst". Der Philosoph *A. Schopenhauer* hat den ersten Schrei des menschlichen Säuglings als den Schrei der Hoffnungslosigkeit und Verzweiflung, in diese traurige und sinnlose Welt „hinausgestoßen" zu sein, gedeutet[1].

Mein Lehrer *S. Freud,* Wien, hat diese Meinung zunächst freudig aufgegriffen. In seinen späteren Forschungsjahren (als ich sein Schüler war) aber korrigierte er sich: „Ich muß den Schluß ziehen, daß die frühesten Kindheitsphobien eine direkte Rückführung auf den Eindruck des Geburtsaktes nicht zulassen. Eine gewisse Angstbereitschaft des Säuglings ist freilich unverkennbar. Aber sie ist nicht etwa nach der Geburt am stärksten, um langsam abzunehmen, sondern tritt erst später *mit dem Fortschritt der seelischen Entwicklung* hervor und *hält über eine gewisse Periode der Kinderzeit an*" (von mir hervorgehoben).

Diese Phase ist, wie ich darlegte und wie *S. Brody* durch exakte Forschungen jetzt bestätigt, mit der „Ich-Entdeckung" und der zunehmenden geistigen Differenziertheit, damit auch des Vorstellungsvermögens und der Phantasiefähigkeit, zu erklären.

Im Anschluß an die obengenannte Erkenntnis sagte *S. Freud:* „Wenn sich solche Frühängste über diese Zeit hinaus erstrecken, erwecken sie den Verdacht einer neurotischen Störung, wiewohl

[1] Vgl. auch O. Rank, Das Trauma der Geburt, Wien 1924.

uns ihre Beziehung zu den späteren deutlichen Neurosen der Kindheit keineswegs ersichtlich ist."[2]

Es gibt kindliche Angstäußerungen, die uns nach allem, was ich bisher ausführte, durchaus verständlich sind. Dazu gehört die Angst vor dem Alleinsein und die Angst vor der Dunkelheit, die Angst vor dem Fremden und Unheimlichen.

„Unser *Egon* hatte schreckliche Angst vor der Dunkelheit, bis zu seinem 5. Lebensjahr. Dann auf einmal ist das wie von selbst verschwunden", sagte mir eine Mutter.

Sicherlich erfolgt dies nie „von selbst". Aber es ist gut, daß uns unsere *richtigen* therapeutischen Hilfen – so nenne ich sinnvolles erzieherisches Verhalten der Eltern, die für mich wichtige Helfer in der Therapie sind! – nicht immer bewußt sind. Schließlich ist Kindererziehung für die Eltern keine Wissenschaft, sondern lebendiges Leben. Plötzlich ist sie wie fortgeblasen, die Angst vor Gespenstern, vor Spinnen oder Käfern. „Haha, du glaubst ja auch alles! Das ist ja alles Blödsinn!" So triumphierte mein größerer Bruder, nachdem er mir monatelang Angst eingejagt hatte vor „Ohrenkrabblern" und Sandflöhen („die legen ihre Eier unter deine Fingernägel, und dann eitern deine Finger ab"! Das war für mich besonders schlimm, denn ich spielte damals schon Klavier. Es muß wohl mein *seelischer Gesundheitswille* gewesen sein, daß ich mich entschloß, die kleinen Ohrenkrabbler-Käfer sogar zu *lieben*!)

Elisabeth, 4 Jahre, schreckt nachts aus dem Schlaf auf, ist dann ganz verwirrt, stiert die Mutter erschrocken an, schreit sogar laut auf.

„Pavor nocturnus", sagt der Kinderarzt (*pavere* = zittern, *nox* = Nacht) und verordnet ein Beruhigungsmittel, ein leichtes Schlafmittel. Das ist richtig. Denn diese „nervöse" Erscheinung rechnet zur normalen Angst, wenn sie nur gelegentlich auftritt, und kann bald wieder abklingen.

Wir kennen die *Träume* unserer Kleinkinder nicht. Niemand wird sie analysieren können. Ein Kleinkind kann seine Träume nicht schildern wie ein Erwachsener. Wir sollten die Kinderträume aber auch nicht zu wichtig nehmen.

Einschlafen ist ein vertrauensvolles „Sich-fallen-Lassen" – in sein Bett, in sein Schlafzimmer, in seine Wohnung, in sein Elternhaus, in seine Umwelt. Ein Kind, das nicht einschlafen kann – das

---

[2] Gesammelte Werke Freuds, Bd. XIV, London 1944.

nicht durchschlafen kann und mehrmals in der Nacht aufwacht, um dann nicht mehr in den Schlaf zu fallen –, ist seelisch gestört. Fast immer sind es Ängste und Unsicherheiten, die es belasten und bedrängen.

Die Mutter wischt dem angstbeladenen Kinde den Schweiß von der Stirn, gibt ihm ein frisches Nachthemd, setzt es aufs Töpfchen, gibt ihm einen Schluck Saft, öffnet auch mal das Fenster (sehr oft ist es schlechte und viel zu warme Luft, die nicht einschlafen läßt!), redet dem Kinde ruhig zu, nimmt es in den Arm, streichelt ihm über die Stirn – und „nimmt ihm dadurch die bösen Träume weg".

„Müde bin ich, geh' zur Ruh', schließe beide Äuglein zu, Vater, laß die Augen dein über meinem Bettlein sein." Es ist mehr als eine alte Volksweisheit, daß ein Kind nach diesem sinnvollen Nachtgebet sanft einschläft (und es ist kein „Kitsch", wenn „ein Engel am Bettlein wacht" und sogar „14 Englein", wie es in der Märchenoper „Hänsel und Gretel" von *Humperdinck* heißt).

„Unser *Andreas* hat entsetzliche *Angst vor dem Gewitter*", berichtete mir eine Mutter. „Er war 4 Jahre alt, als wir auf einem Campingplatz im Gebirge von einem fürchterlichen Gewitter überrascht wurden. Wir konnten aus unserem Wohnwagen noch in ein festes Wohnhaus flüchten, und es ist eigentlich gar nichts passiert. Aber ich war danach so krank, daß ich vorzeitig nach Hause mußte und mein Kind ebenfalls. Mein Mann war machtlos gegen unsere Angst. Wie leicht kommt so ein schreckliches Gewitter in den Bergen zurück – und setzt sich dort dann auch noch tagelang fest, wie man mir sagte!"

Gewitterangst ist bei einem Großstadtkind fast ungewöhnlich geworden. Man wohnt in einem festen Haus mit Blitzableitern. Man kann die Rolläden runterlassen, um die grell zuckenden Blitze am pechschwarzen Himmel nicht zu sehen, um das ohrenbetäubende Donnern nicht so laut zu hören, um den Hagelschlag und den peitschenden Regen nicht zu sehen. Man hat nicht mehr das unheimliche Gefühl, daß „die Sonne verschwunden" ist und „die Welt untergeht". Man erlebt nicht mehr, wie sich ein Gewitter „drohend über uns entlädt".

In früheren Zeiten waren die Menschen dem Gewitter viel mehr ausgesetzt. Die Mutter steckte eine Kerze vor dem Kruzifix an, legte die Heugabeln über Kreuz auf den Fußboden in der Küche – und betete in der Mitte der Stube, weit weg von den Fenstern, mitsamt den Kindern um das Heil der Angehörigen, die noch draußen auf dem Felde waren.

Die unheimliche Angst vor dem Gewitter aber ist dem moderden Menschen geblieben. Sie haftet vor allem in den zur Ängstlichkeit tendierenden Erwachsenen.

Elisabeths Mutter hatte ihre heftige Angst auf ihr Kind *übertragen.* (Ich hatte den Eindruck, daß das sogar bewußt geschehen war. Vielleicht wollte sie ohnehin nicht mehr in diesem Wohnwagen verbleiben, in jener Gegend, nicht mehr zusammen mit ihrem Manne?) Während des Gewitters hatte sie auch noch laut lamentierend von dem gesprochen, was anderen Leuten beim Gewitter zustieß – und was alles passieren *könnte.*

Es wäre besser gewesen, die Mutter hätte geschwiegen. Der Vater hätte die Sekunden zwischen Blitz und Donner gezählt, um seiner Frau danach ausrechnen zu können, daß das Gewitter abgezogen ist. Der Vater hätte nach dem Gewitter seine Tochter *an die Hand nehmen* sollen, um ihr draußen zu zeigen, daß die Sonne wieder vom Himmel lacht und daß alles noch genau so ist wie vor dem Gewitter, rings um den Wohnwagen, am Campingplatz, am Bach, am Wald, und daß die Welt wieder in Ordnung ist.

Auch die Mutter hätte draußen aufatmen sollen (nie ist die Luft reiner als nach einem Gewitter!), hätte aufschauen können, um zu sagen: „Gott sei Dank, daß wir das glücklich überstanden haben!“ Denn die Sicherheit des Vaters – und die „Ausstrahlungskraft“ der Mutter! – überträgt sich auf das Kind.

Es ist eine Art von „Teufelskreis“, daß eine allzu ängstliche Mutter auch ein ängstliches Kind hat. Ich kenne eine Mutter, die mit eigenen Augen zusehen mußte, wie ihre 4jährigen Zwillinge Hand in Hand hinter einer Straßenbahn die Fahrbahn überqueren wollten, genau in die fahrende Gegenbahn liefen und beide überfahren wurden. Jahre danach bekam die Mutter drei weitere Kinder, die sie immer sehr zu Vorsicht mahnte, trotzdem aber nie überängstlich war. Vom schrecklichen Tod der Zwillinge erzählte sie ihnen erst, als sie herangewachsen waren.

Ich habe einen Freund, einen hohen englischen Offizier, dessen Töchterchen von einem Lastwagen überrollt wurde, als es aus dem Kindergarten heimgehen wollte. Die Eltern waren Jahre hindurch unsagbar traurig – und sind es bis heute. Die zwei älteren Brüder wurden stets zur Vorsicht gemahnt, besonders im Verkehr, und trotzdem war der Vater damit einverstanden, als der eine Testflieger und der andere ausgerechnet Sprengstoff-Experte werden wollte. „Ich habe mich die ganzen Jahre hindurch bemüht, meine *Angst nicht auf sie abfärben zu lassen*“, gestand er mir.

Es gibt Jungen und Mädchen, die an Vaters Seite begeistert eine stürmische Überfahrt nach Helgoland mitmachen, und es gibt Mütter, die sich starr weigern, mit der Familie zusammen einen Aussichtsturm im Mittelgebirge oder nur einen Rheindampfer zu besteigen. Sie denken nicht daran, daß *Angstanfälligkeit ansteckt* – und daß Angst nur durch *Sicherheitsgefühle, die man dem Kinde einflößt,* abgebaut werden kann.

„Meine Tochter ist 6 Jahre. Ich bin seit 3 Jahren geschieden, aber sie hatte immer herzlichen Kontakt zu ihrem Vater, der vor 2 Monaten verunglückte und starb. Soll ich ihr das sagen? Sie fragt jetzt sehr nach ihrem Papa, weil sie mit ihm wieder eine große Ferienreise machen möchte."

Wovor hat diese Mutter eigentlich Angst? Sie *muß* es dem Kinde sagen, daß der liebe Papa tot ist. Sie *muß* mit ihm zu seinem Grab gehen. Sie braucht ihm freilich *nicht* zu sagen, wie entsetzlich er ums Leben kam. (Oder steckt hinter dem Verhalten der Mutter womöglich so etwas wie Genugtuung, daß der Mann, der sie verließ, jetzt endlich „von seinem Schicksal ereilt" wurde? Meint die Mutter, sie könnte den Vater ihres Kindes jetzt einfach totschweigen?) Sonst wird die Tochter ihrer Mutter eines Tages sehr harte Vorwürfe machen: „Warum hast du mir das nie gesagt?" Auch das gehört zur *Ich-Bildung* eines Kindes, derart tragische Verluste innerlich zu verarbeiten. Das Kind könnte sich sonst womöglich auch bei der Mutter *nicht mehr geborgen* fühlen. Es könnte sich gar *abwenden* von der Mutter. Es würde sich dann zweifach vereinsamt fühlen können – und in doppeltem Maße der Angst und der Selbstunsicherheit ausgeliefert sein.

„Wenn ich bei dir bin, dann kann dir überhaupt nichts mehr passieren." Es wäre töricht, wenn wir so sprechen wollten. Denn wir können mögliche Gefahren und auch Bedrohungen nicht völlig abwenden von unseren Kindern.

„Wenn du bei mir bist, dann fühle ich mich sicher." Das ist die Haltung eines Kindes – und seine berechtigte Erwartung uns gegenüber.

Nur auf diese Weise lernt das Kind, seine Umwelt „in den Griff zu bekommen". Nur so lernt es Laufen und Springen, Klettern und Turnen, Rollerfahren und Rollschuhlaufen, Radfahren, Schwimmen und Tauchen. Nur so gewinnt es Zutrauen zu den technischen Apparaten, die zu unserem Leben gehören, von der Drehtüre bis zur Rolltreppe und zum Fahrstuhl, vom Fährschiff bis zur Bergbahn.

Im Leben des Kleinkindes kann es viele *Gefahrensituationen für eine Angstverdichtung* geben. Dazu kann die Geburt eines Geschwisterkindes zählen, wenn sie Liebesentzug und Vereinsamung nach sich zieht. Dazu kann ein sehr langer Krankenhausaufenthalt der Mutter zählen, vielleicht gar in einem Sanatorium mit strenger Quarantäne. Dazu kann eine längere Trennung von der Mutter gehören, etwa in einem Kindererholungsheim, weit weg an der See oder im Gebirge.

Wir müssen solche Gefahrensituationen rechtzeitig erkennen. Wir müssen uns bemühen, daß Kinderängste sich nicht verdichten.

Wissenschaftliche Untersuchungen haben ergeben, daß der Mensch in keinem Lebensabschnitt so viel seelische Ängste erleiden kann wie im Kleinkindalter. Ich möchte das bestätigen. Hinter dem, was wir als vermeintliches Kinderglück ansehen möchten, kann viel, sehr viel Angst und Lebensunsicherheit stecken.

Die Angst des asthmatischen Kindes

Das Wort *Asthma* ist griechischen Ursprungs und bedeutet Atemnot oder Erstickung. Es bezeichnet also keine bestimmte Krankheit, sondern eigentlich nur ein Symptom, die hochgradige Atemnot nämlich, insbesondere bei behinderter Ausatmung.

Es ist nicht meine Aufgabe, auf den Mechanismus allergischer Reaktionen einzugehen, die hierbei eine Rolle spielen. Um so wichtiger ist es aber, auf die Beziehungen zwischen Asthma und *Gemütsbewegungen* zu verweisen.

Der norwegische Kinderarzt Prof. Dr. *Kjell Aas* hat darüber im Jahre 1969 sehr tiefgründige Ausführungen gemacht:

„Der Asthmaanfall mit seinem Lufthunger und dem Ringen nach Atem ist verständlicherweise oft von *Angst und Schrecken* begleitet. Manche Asthmaanfälle müssen ein dem Ertrinken ähnliches Gefühl hervorrufen, und einige Kinder werden dabei *von unheimlicher Angst überwältigt.* Noch dazu treten die Anfälle häufig während der Nacht auf, was für ein Kind selbst und seine ganze Familie besonders beunruhigend ist. In einem solchen Moment ist es für die Eltern schwer, die Ruhe zu bewahren und dem Kind die notwendige Sicherheit zu vermitteln, die es gerade dann so dringend nötig hat. Sie werden oft selbst von einem Gefühl der Machtlosigkeit und der *Angst* ergriffen, wenn sie stundenlang oder vielleicht Nacht für Nacht ihr Kind schwer nach Luft ringen sehen."[1]

In der psychologischen Praxis ist die Zahl der asthmatischen Kinder verhältnismäßig groß, bei der Behandlung kleinkindlicher Ängste, im Kindergartenalter und vor allem in der Grundschulzeit. Sehr häufig sind *seelische Vorgänge* bei Entstehung des Asthmaleidens mitbeteiligt, und oft sind sie sogar der auslösende Faktor.

Norbert war 8 Jahre, als ihn die Grundschule wegen seines schweren Asthmaleidens als „schulunfähig" bezeichnete, nachdem

[1] Deutsche Übersetzung in dem Band: Das allergische Kind, Stuttgart 1974.

er ohnehin ein Jahr vom Schulbesuch zurückgestellt war. Als er zu mir kam, war eine schulpsychologische Intelligenzuntersuchung schier unmöglich, denn der körperlich überaus zarte und offenbar sehr geschwächte Junge rang kreidebleich nach Atem und legte sich qualvoll vornüber auf den Tisch, wie er es in der Schule angeblich dauernd gemacht hatte, wenn er überhaupt zum Unterricht erschien.

Ich gab ihn in die Hände einer sehr einfühlungsfähigen Grundschullehrerin. Er erhielt *Privatschulunterricht,* mit Ausnahmeerlaubnis der Schulbehörde. (Da er ohnehin „ausgeschult" werden sollte, war es nicht schwierig, diese sonst äußerst seltene Genehmigung zu erhalten. Behörden sind diesbezüglich äußerst stur, wie ich aus anderen Praxisfällen begründen kann!)

Für einen Zuschauer war die Atemnot *Norberts* anfangs fast furchterregend. Immer dann, wenn er vor schulische Aufgaben gestellt werden sollte, reagierte er mit Asthma. Welches waren die *seelischen Hintergründe* dafür?

Seine geliebte Mutter war gestorben, er war zugegen bei dem qualvollen Tod der herzkranken Frau. Kurz danach traten seine ersten Asthmaanfälle auf. Der Junge, völlig verängstigt und vereinsamt, war offenbar „ganz am Ende" mit seiner ohnehin geringen Lebenskraft.

Als sein Vater dann wieder heiratete, verdichteten sich seine Anfälle. Die blutjunge Ersatzmutter konnte keinen Kontakt zu ihm bekommen, bemühte sich auch gar nicht darum. Die Anfälle wurden noch schlimmer. Nachts lag er wie im Todeskampf in seinem Bett, völlig durchgeschwitzt.

Seine Anfälle klangen überraschend schnell ab, als er *vom Zwang der öffentlichen Schule befreit* war und sich durch die Privatlehrerin und durch mich sehr angesprochen fühlte. („Es ist wie ein Wunder", sagte mir der Vater.) Eine medikamentöse Behandlung war längst vom Facharzt eingeleitet worden, erübrigte sich aber bald. Ich veranlaßte, daß er in den Ferien regelmäßig an die Nordsee fuhr, wo ihn das Reizklima weiterhin kräftigte. Sein Vater erwarb ein kleines Häuschen (sehr nahe an der Brandungszone, wie ich geraten hatte, wegen der Heilwirkung der winzigen Wasserpartikelchen der Nordsee). Vom Vater war der Junge nie länger entfernt, und auch zu seiner neuen Mutter (die von mir inzwischen angeleitet worden war, wie sie dem Jungen liebevoll entgegenkommen kann) hatte er netten, sogar herzlichen Kontakt.

Heute ist *Norbert* ein *echter Erfolgsschüler* und beherrscht den Lernstoff des 8. Hauptschuljahres (er hat inzwischen einen jungen

Hauptschullehrer, der ihn privat unterrichtet). Er besitzt ein erhebliches Erfolgsgefühl, ist selbstsicher und vor allem *innerlich gelöst,* fröhlich und sogar humorvoll, ganz ohne Ängste und Verkrampftheiten. (Er wird dem langjährigen Wunsch des Vaters nachkommen können und Juniorchef seiner Handelsfirma werden. Vom Bankwesen versteht er schon heute mehr als ich!) Wer ihn damals nicht erlebt hat, würde es heute für unmöglich halten, daß er ein hochsensibler schwerer Asthmatiker war.

Kjell Aas nennt mit Recht als wichtigste Vorbeugungsmaßnahme für asthmakranke Kinder das Vermeiden der „Angst für sich selbst", durch plötzliche und intensive Gemütsbewegung: „Wenn irgend möglich, sollten Sie Ihr Kind auf kommende Ereignisse, die sonst zu heftigen Gemütsbewegungen führen könnten, vorbereiten."

Auf den Tod der Mutter konnte *Norberts* Vater ihn nicht „vorbereiten". Um so mehr aber auf die neue Mutter! *Das Bewahren vor Angst ist bei derart sensiblen Kindern äußerst wichtig.*

Ich war viele Jahre an einer öffentlichen Sonderschule für geistig zurückgebliebene Kinder tätig. Es gab dort relativ viele asthmatische Kinder. Kein einziges davon war tatsächlich „schwachbegabt", damit also *nicht* „sonderschulbedürftig" (wie die schulbehördliche Bezeichnung heißt). Bei allen Schülern, die ich unterrichtete und heilpädagogisch behandelte, waren es *heftige Angstzustände,* die mit zu ihrem Leiden führten (wobei freilich eine organische Grundlage mit vorlag, wie bei *Norbert*). Die Normalschule hatte diese Kinder abgeschoben, weil sie ihr „zu lästig" waren (und weil Lehrer wie Mitschüler Angst hatten vor den Atembeschwerden eines solchen Kindes). Dabei bedarf ein derartiges Kind ja nur des besonderen Verständnisses und der liebevollen Zuwendung, um seine Ängste zu verlieren! Der Staat könnte viel Geld sparen – und dem Kinde viel späteres Leiden und gar lebenslange Behandlung ersparen! – wenn er durch *individuelle Frühbehandlung* eingreifen würde.

„Versuchen Sie, Ihrem Kinde *besondere Fähigkeiten* beizubringen. Versuchen Sie, es Hobbys und Interessen entwickeln zu lassen, die sich mit seinem Leiden vereinbaren lassen. Leistungen, die bei den Altersgenossen Achtung und Bewunderung hervorrufen, sind als *Stütze für ein Selbstbewußtsein und ein Gefühl der Sicherheit* besonders wünschenswert."

Gilt dieser Rat des norwegischen Kinderarztes nicht auch *für sämtliche angstbeladenen Kinder?*

Die Angst vor dem Vater

Egon war 10 Jahre, als er die Aufnahme in ein Gymnasium nicht schaffte. Er litt an heftigen Sprechstörungen. Immer dann, wenn jemand von ihm eine Antwort erwartete, *stotterte* er heftig, und schließlich wagte er überhaupt nicht mehr, etwas zu sagen. Er hatte schon im 4. Grundschuljahr versagt. Sein Vater, ein sehr ehrgeiziger höherer Zollbeamter, wollte es erzwingen, daß sein Sohn Gymnasiast wurde. Es gelang nicht. Der Junge kam dann von einem auswärtigen Internat auf das andere und mußte schließlich die Schulbildung abbrechen. Durch Beziehungen des Vaters wurde er Büroangestellter in einer Speditionsfirma, wo er möglichst wenig zu sprechen hatte und kaum Kontakt mit Kunden bekam.

Als *Egon* zu mir kam, war er 23. Sein Vater hatte „seine seelische Behandlung angeordnet, damit endlich ein *Mann* aus ihm wird". *Egon,* ein sehr eingeschüchterter junger Mensch von graziler Körperkonstitution, vertraute mir dann an, wie sehr er *vom Vater gedemütigt* worden war. Schon als Kleinkind war er dauernd kritisiert worden, als er anfing zu plappern und zu erzählen. Nach Ansicht des Vaters war alles „falsch", wie das Kind die Dinge sah und erlebte, wie es sich die Welt vorstellte, wie es fabulierte und träumte. Schließlich hatte er als Kind immer weniger erzählt und war dann ganz verstummt.

Als er in die Schule kam, belehrte ihn der Vater, daß man nur dann „den Mund auftut, wenn man ganz sicher ist, daß die Antwort hundertprozentig richtig ist". Sonst wäre es besser, überhaupt nichts zu sagen. Der Vater verlangte dann immer mehr, sein Sohn möge ihm gefälligst *nur zuhören* und das akzeptieren, was er, der Vater, aus Lebenserfahrung und besserem Wissen ihm übermittle. „Was *ich* sage, ist *immer* richtig. Das merke dir mal, mein Junge." Er solle sich dem Vater gegenüber „nicht immer so verkrampfen" und „das Wissen annehmen", was *er* ihm beibringe. So hieß es immer.

Wundern wir uns, daß *Egon* derart zum *Versager* wurde, in der Schule, im Beruf, in seiner Kontaktfähigkeit zu anderen Menschen, in der Begegnung zum anderen Geschlecht vor allem? Er war vor Jahren verlobt gewesen. (Sein Vater hatte das arrangiert: „Mit einem sehr anständigen Mädchen aus sehr gutem Hause", so hatte er dauernd erklärt.) Aber seine Braut hatte sich getrennt von ihm. „Sie hielt mich für einen Schlappschwanz", sagte er mir. Jetzt war er jung verheiratet mit einer anderen Frau, aber es war noch nie zum ehelichen Verkehr gekommen. Er hielt sich für *impotent.* (Er hatte übrigens auch noch nie onaniert. Offenbar hatte ihm selbst dazu die vitale Lebenslust, die Triebkraft und die Initiative gefehlt!)

In unserer modernen Welt mag es keine ausgesprochenen autoritären Väter mehr geben, erst recht keine patriarchalischen Machttypen. Aber ist dies nicht eine verkappte Form einer *autoritären Fehlhaltung*?

Nur die Einstellung des Vaters, nur dessen äußere und innere Haltung soll als richtig gelten.

Egons Vater hielt seine Anweisungen an den Sohn auch noch für besonders weise (und nur bei wenigen Behörden wird ein solcher „Vorgesetzter" heute noch denkbar sein, der aus der Zeit des preußischen Beamtentums stammt, nicht weit entfernt vom „unbedingten Gehorsam" der preußischen Armee!). Niemand wird diesen Vater „umerziehen" können. (Wie sehr seine Frau unter ihm litt, wurde mir sehr deutlich, aber auch sie war immer „machtlos" gewesen gegen ihn.)

Unter dieser extremen Erziehungsmethode waren die Persönlichkeitswerte des Sohnes derart *verkümmert,* daß er nie gewagt hätte, sich zu wehren, sich aufzulehnen oder gar aufzubäumen, aggressiv zu werden gegen den Vater. Er hatte sich immer nur *geduckt,* und er kannte nur die *Angst vor dem Vater.* Auch mit 23 Jahren war er davon nicht befreit. Er kam mir vor wie ein Tier, das zeit seines Lebens in einem engen, dunklen Käfig verbringen mußte – und sich in der Freiheit gar nicht zurechtfinden kann, weil es ein Leben in freier Selbstentfaltung nie lernen durfte!

Väter, die ihrem Kinde „alles verbieten", wozu es in seiner natürlichen Bewegungsfreude drängt, sind heute zum Glück seltener geworden. Um so mehr neigen die modernen Väter dazu, ihrem Kinde „alles zu erlauben". Nur da, wo es um sachliche Fragen geht, sind die jungen Väter von heute – die Fachleute der technischen Arbeitswelt und auch die jungen Verwaltungsangestellten und Beamten – merkwürdig *unbeweglich, engstirnig* und sogar *stur.*

„Papi, schau, der Flieger da oben am Himmel! Der fliegt jetzt genau in die Sonne hinein, und dann verbrennt er!“ Der Vater „belehrt“ den Dreijährigen, daß er „Unsinn daherredet“.

Auf Schritt und Tritt erlebe ich solche „modernen“ Väter, die ihr Kleinkind „sachlich belehren“ wollen, es dadurch aber nur *einschüchtern.* In Bergbahnen und Zoologischen Gärten, auf Raststätten der Autobahnen, auf Rheindampfern und Flugplätzen, sogar auf Robinsonspielplätzen und in Spielzeugläden, überall gibt es Väter, die „alles besser wissen“ – und damit dem Kinde *Angst einflößen,* Angst vor seinem natürlichen Redefluß, vor seiner unbekümmerten Fabulierfreude, vor seinem Vorstellungsreichtum, vor seiner Phantasie.

Die Väter von heute mögen es nun einmal nicht, daß ihr Kind „in seinem Wissen so wenig übereinstimmt mit den neusten wissenschaftlichen Erkenntnissen“. Als Menschen des technischen Zeitalters wollen sie ihr Kind nicht nur zeitgemäß kleiden, nein, sie wollen, daß ihr Kind auch in seinem Wissen up to date ist. Die Väter meinen nämlich, sie gäben sich eine Blöße, wenn ausgerechnet ihr Kind noch nicht weiß, wie ein Transistor oder ein ferngesteuertes Modellboot technisch funktioniert.

Aber das, was der Vater alles „besser weiß“, geht *weit über das kindliche Auffassungsvermögen hinaus.* Das Kind ist diesen nüchternen Belehrungen nicht gewachsen (auch dann, wenn es aus lauter Bravheit so tut, als wollte es den Vater nur ja nicht enttäuschen oder gar beleidigen mit seiner „Dummheit“). Die Väter sehen nicht ein, daß sie damit das Kind *mundtot* machen, weil es *verängstigt* und *mutlos* geworden ist. Viele Kinder von heute sind dadurch *in ihrer natürlichen Entfaltungskraft gehemmt.* Sie wirken *entmutigt.*

Manche Kinder sind vital und stark genug, um sich von einem solchen Vater abzuwenden und sogar, sich energisch gegen den Vater zu wehren. Sie werden aggressiv, sie lehnen diesen Vater ab. Je mehr sie heranwachsen, desto mehr lassen sie ihn „links liegen“.

„Kennen sie den Unterschied zwischen dem lieben Gott und meinem Vater?“ So fragte mich ein neunjähriger Schüler, dessen „Intelligenzquotienten“ ich im Auftrag des Vaters feststellen sollte. Als ich verneinte, sagte der Junge: „Der liebe Gott weiß *alles.* Mein Vater weiß alles *besser!*“

„Du *mußt* in deiner Klasse bei den Besten sein wie ich“, sagen solche Väter. „Du *mußt* Tennis spielen wie ich.“ – „Du *mußt* Golf spielen lernen wie ich. Man lernt dort einflußreiche Leute kennen. Das ist *ausschlaggebend* für dein Weiterkommen.“

Wenn der Vater das Kind nicht zwingt – und auch keine gesellschaftlichen Zwänge, seien sie auch noch so angenehm verpackt, ausübt! – und wenn das Kind dadurch nicht *zusätzliche Ängste vor dem Vater* und dessen Forderungen und Erwartungen bekommt, dann kann es selbstverständlich gelingen, daß ein Kind in die väterliche Welt hineinwächst. Das gilt für die Leistungswelt des Vaters wie für seine Freizeitwelt. Ich kenne Jungen und auch Mädchen, die begeisterte Angler wurden wie ihre Väter, obwohl doch Angeln ein Sport ist, bei dem einer möglichst ganz alleine ist. Väter, die Meister auf einem Musikinstrument sind, haben heute selten Kinder, die im Üben durchhalten bis zum wirklichen Können. Aber ich kenne eine Achtjährige, die sich fest vorgenommen hat, *wie ihr geliebter Vater* „in zwölf Jahren zehntausend Stunden zu üben", bis sie am Piano so konzertreif ist wie *er* (der sich als Pianist sein Medizinstudium finanzierte). Die innige Liebe zwischen dieser Tochter und ihrem Vater ist einmalig. Ich führe sie vor allem darauf zurück, daß der Vater sein Kind sehr behutsam – und in kindgemäßer Weise! – in die Welt der Musik einführte. Viel öfter muß ich erleben, wie sehr ein Kind durch die *törichte Leistungserwartung* des Vaters „total am Boden zerstört" wird, um in der Sprache dieser technisierten, mechanisierten – und desillusionierten! – Väter von heute zu bleiben.

Ein abschreckendes Beispiel für die folgenschwere Angst vor dem Vater ist die Familiengeschichte des immerhin namhaften Arztes *Daniel Schreber,* von dem der Gedanke des „Schrebergartens" stammt und der den „Schreberschen Gradhalter" erfand. Der amerikanische Facharzt für Psychiatrie *Morton Schatzman* ist dem Leben seines deutschen Kollegen *Schreber* nachgegangen und hat darüber ein Buch mit dem bezeichnenden Titel „Soul Murder, Persecution in the Familiy" – Seelenmord. Verfolgung in der Familie" – geschrieben (London 1973), dessen deutsche Übersetzung als „Die Angst vor dem Vater – Langzeitwirkungen einer Erziehungsmethode" in Hamburg 1974 erschien.

Schreber hielt seine Zeit (er lebte von 1808 bis 1861) für moralisch schlaff und kraftlos, vor allem wegen der seiner Meinung nach nachlässigen Erziehung der Kinder, im Elternhaus wie in der Schule. In einer Reihe von Schriften setzte er dem ein Erziehungssystem entgegen, das darauf abzielte, die Eigenständigkeit der Kinder nach einem perfekten Plan zu unterdrücken. Durch *permanente Angst vor dem Vater* (!) wollte er den „totalen Gehorsam" erreichen, um durch seine Lehren eine Verbesserung der Gesellschaft zu erreichen.

Der Erfolg dieser verballhornten Erziehungsmethode war, daß einer der Söhne *Schrebers* sich schließlich das Leben nahm und der andere als Geisteskranker in einer Anstalt starb. Der amerikanische Psychiater *M. Schatzman* hat dargelegt, daß die Wahnvorstellungen dieses kranken Sohnes als Erinnerungen an die Verfolgung des Vaters in seiner Kindheit aufzufassen sind. Der Vater hatte im Kinderzimmer eine „Rügentafel für Kinder zwischen 7 und 16 Jahren" aufgehängt, und der Sohn schrieb später in sein Tagebuch, „daß dieses Aufschreibesystem sich für mich zu einer *geistigen Tortur* gestaltet hat, unter der ich jahrelang schwer gelitten habe". Das väterliche Erziehungssystem wurde zu einem alptraumartigen Netz, aus dem es kein Entrinnen gab: der „Seelenmord" wurde perfekt.

Freilich wollen die Väter von heute nicht mehr „Herr des Kindes für immer" sein, wie es das Endziel der Erziehungsmethode *Schrebers* war. Aber wollen sie ihr Kind nicht *auf eine neue Weise bevormunden,* indem sie es versachlichen – und dadurch seine *Kindlichkeit zunichte machen*?

Nüchterne Sachlichkeit, Belehrung – und dauerndes Korrigieren! – ist keine Möglichkeit der Bindung an den Vater, schon gar nicht der lebenslangen Zweisamkeit mit dem Vater. Bedenkenloses Aufschauen zum geliebten Vater – und echtes Streben nach *seinem* Bilde! – kann nur zustande kommen, wenn der Vater alles *abbaut,* was mit Angstgefühlen des Kindes verbunden sein muß.

„1 und 1 ist 100!" Das hatte ein Dreijähriger seinem superklugen Papa erklärt, der über die „grenzenlose Dummheit" seines Sohnes (kundgetan noch dazu auf einer Kinderparty beim Chef des Vaters) verzweifeln wollte. „So hat mich mein eigener Sohn blamiert! Ich hätte ihn verprügeln können!" Wieso eigentlich? Eines Tages wird aus dieser beneidenswert naiven und unbekümmerten Selbstherrlichkeit des Kleinkindes ein differenzierteres und kritischeres, objektiveres Denken – wenn der Vater sich *Zeit lassen* kann, das Kind in seiner Phantasie nicht einengt, es seelisch nicht einschüchtert und ängstigt. Nur dadurch kann das Kind *ungehemmt und ungeängstigt* zu seiner Selbstentfaltung gelangen, zur kindhaften Geltung übrigens auch gegenüber dem Vater.

Mein Schüler *R. M. Jüliger* hat darüber jüngst sein erstes Buch geschrieben: „Freispruch für die Väter? Über die Aktualität von Erziehungsneurosen bei Kindern" (Frankfurt 1974). In dem Kapitel „Wenn Väter zu tüchtig sind" meines bereits genannten Erziehungshandbuches habe auch ich mich aus den Erfahrungen der Erziehungspraxis – und zu „Vaterfehlern" von heute –geäußert.

Jungen und Mädchen, die *mit ihren Vätern* segeln oder Faltboot fahren und zelten, die im Gebirge mitwandern von Hütte zu Hütte, dabei gar auf Höhenwege gehen (doppelt gesichert durch Stahlseile am Fels und durch die feste Hand des Vaters!), können dadurch von ihren „Vaterängsten" gänzlich befreit werden. Schon ein gemeinsames Schwimmen „um die große Insel mitten im See" oder gar ein erstes Erlernen des Brandungsschwimmens auf der Nordseeinsel Sylt kann enorme Erfolge in der „Angsttherapie" erbringen.

Väter dürfen *keine Einzelgänger* sein, keine „Autisten". Wir neigen heute alle dazu, alles allein zu tun, vom Autofahren bis zum Erleben am Fernsehgerät. Ein Autist ist einer, der (in abnormer Weise!) keinen Kontakt mehr hat zu seiner Umwelt, nicht einmal zu seinem Kinde. Kinder *müssen* sich ängstigen vor einem solchen Sonderlingsvater, weil er ihnen keinen festen Halt gibt und sie nicht *hineinführt* in ihre Welt. Nur Erlebnisse der Gemeinsamkeit können ein Kind formen und festigen (und dazu ist der Vater *wichtiger* noch als die Mutter!).

Als ich nach dem Kriege mein erstes Auto kaufen konnte, fuhr ich mit meinem damals 10 Jahre alten Sohn allzu forsch auf regennasser Asphaltstraße in die Kurve – und landete in hohem Bogen kopfüber auf einem Acker, zum Glück im tiefen, nassen Lehm. Wir beide waren kreidebleich vor Angst. Wir sind im nahen Dorf in eine offene Kirche gewankt, immer noch mit zitternden Knien und haben dort lange nebeneinander gesessen, bis wir wieder zu uns kamen, haben im Gebet für glückliche Rettung gedankt. Das ist 25 Jahre her, aber mein Sohn zwinkert mir heute noch verständnisvoll zu, wenn jemand über unbedachtsame Autofahrer spricht. Das damalige Erlebnis hat uns beide in besonderer Weise zueinander geführt. Das ist bis heute geblieben.

Die Angst des suizidgefährdeten Kindes

Von Kindern erwarten wir immer nur ein unbeschwertes Lebensgefühl, eine große Aktivität und Unternehmungslust und eine immer wache Neugier auf alles, was sich im nächsten Augenblick ereignen kann. Wir sind gewöhnt, daß Kinder einen ausgeprägten Bewegungsdrang haben, daß sie „erlebnishungrig" sind und alles staunend in sich aufnehmen wollen.

Wenn ein Kind aber mißmutig ist, wenn es passiv und gedrückt oder gar verstimmt und traurig erscheint – „weil es bloß diese und jenen kleinen Ängste hat" –, so denken wir uns immer, daß so etwas sehr rasch „vorübergehen" wird und sehr bald wieder „alles eitel Sonnenschein" ist, der sich im fröhlichen Lachen des Kindes widerspiegelt.

Wir übersehen dabei völlig, wie tief die *seelische Verstimmtheit* eines Kindes sein kann, die bis zur *verzweifelten Selbstaufgabe des Lebens* gehen kann.

„Der *Mangel an Liebe und Geborgenheit* stellt das wichtigste ursächliche Moment für die Entstehung von Selbstmordtendenzen bei Kindern und Jugendlichen dar."[1] „Das Leben gibt nur jener auf, der es aufgegeben hat, Liebe zu erhoffen. Hinter dieser Hoffnungslosigkeit steht *unsagbare Angst vor der Liebesleere,* vor dem Vakuum."

Das Dasein ist für den, der *keine Liebe mehr erleben* kann, inhaltlos und sinnlos geworden. Davor hat auch das Kind *Angst*!

„*Cornelia* ist erst 8 Jahre alt und doch immer schon so oft traurig! Gewiß, ich habe das auch in mir sitzen, *Depressionen* liegen bei uns in der Familie. Aber in dem Alter war ich noch so fröhlich! *Cornelia* hat doch gar keine Veranlassung, so zu sein! *Ich habe große Angst,* daß sie sich mal was antut, wie meine Tante, als sie 40 Jahre alt war."

---

[1] E. Stern, Krankheit und Tod, Basel 1957.

Cornelias Mutter erschien hilflos gegenüber der Aufgabe, ihre Tochter zu verstehen, ihr Anregungen und neue Impulse zu geben, ihr vor allem immer erneut ihre warmherzige mütterliche *Liebe* zuteil werden zu lassen. Die Mutter wirkte apathisch, teilnahmslos.

Cornelia war tatsächlich merkwürdig traurig. Sie erschien mir niedergeschlagen und entschlußunfähig, *unfähig zur Freude.* „Sie kann sich an nichts erfreuen", sagte die Lehrerin, „sogar ihr Gedankenablauf ist deutlich gehemmt. Durch nichts läßt sie sich anregen, begeistern oder gar mitreißen, weder durch mich noch durch ihre Mitschülerinnen. Ein kompletter *Schulversager!*" –.

Depression (lateinisch *depressus* = niedergedrückt) bezeichnet eine traurige Verstimmtheit (auf dem Boden einer ererbten Anlage, wie bei *Cornelia*), durch welche die Gefühle „niedergedrückt" werden und die gesamte Lebensgrundstimmung herabgesetzt wird, durch die sogar das Denken und erst recht der Wille erheblich gehemmt sein können. „Ich habe zu nichts mehr Lust", sagen solche Patienten. Aber meist sagen sie von sich aus gar nichts und erscheinen in ihrem Verhalten unergründbar.

Es gibt zahlreiche Erscheinungsbilder der Depression. In einem stimmen sie alle überein, wie ich aus Briefen und Bekenntnissen von Patienten weiß: „Ich bin ungeliebt, unverstanden und ungeborgen. Ich mag nicht mehr leben." – „Das Leben ist für mich sinnlos geworden, weil man mich so furchtbar allein gelassen hat. Ich habe *Angst* vor dem Weiterleben."

Depressionen sind bei Kindern relativ häufig. Sie werden leider nur selten rechtzeitig erkannt, im Kleinkindalter noch weniger als im Schulalter. Die Schule stellt depressives Verhalten als „Leistungsmangel" hin. In der Note für „Beteiligung am Unterricht" heißt es im Schulzeugnis: „Der Schüler beteiligt sich nicht am Unterricht." – „Er ist immer abwesend." – „Er döst dauernd vor sich hin." – „Er ist zu passiv." – „Er geht nie aus sich heraus" (und kein Lehrer hält sich daran auf, daß sich derartige Beurteilungen – und gedankenlose „Verurteilungen"! – eines depressiven Schülers durch die Zeugnisse aller Schuljahre hindurchziehen).

Die Schule „verordnet" Nachsitzen oder gar Strafarbeiten. Die Quittung für dauernde Lernunfähigkeit ist das Sitzenbleiben. Das Elternhaus greift zu törichten Erziehungsmaßnahmen, vom Stubenarrest bis zum Entzug von Vergünstigungen oder gar zur Prügelstrafe. „Haben Sie denn keinen Anhaltspunkt dafür, daß Ihr 6jähriger Schulanfänger immer so traurig ist?" Die Mutter, die ich so fragte, gab zur Antwort: „Nein, wir wissen es auch nicht. Mein

Mann hat ihn deswegen schon so oft verprügelt, aber er will sich nicht bessern!“ (Ein Praxisfall aus dem Jahre 1975!)

Dabei ist rechtzeitige Diagnose zur Einleitung einer sachgemäßen psychotherapeutischen – und auch psychopharmakologischen – Behandlung nirgendwo so dringlich wie hier.

Im Jahre 1959 nahmen sich in der Bundesrepublik Deutschland 42 Kinder im Alter von 6 bis 15 Jahren das Leben. Im Jahre 1970 waren es bereits 78 Kinder bis zum 15. Lebensjahr und 1080 Jugendliche. Diese Zahl steigt jährlich in erschreckender Weise (die exakten „Endzahlen“ des Statistischen Bundesamtes liegen aus den letzten Jahren noch nicht vor).

Die Zahl der *Suizidversuche* aber ist sicherlich viel höher. Aus den Erfahrungen meiner Praxis halte ich sie für mindestens hundertmal so hoch. Es ist verständlich, daß Eltern solche Vorfälle, die für sie nach wie vor höchst peinlich sind, nicht einer Behörde melden, schon gar nicht der Polizeibehörde. Um so wichtiger aber ist die sofortige, sorgfältige Behandlung.

Allerdings schreibt *G. Nissen,* ärztlicher Direktor der städtischen Klinik für Kinder- und Jugendpsychiatrie Wiesengrund in Berlin-West:

„Nach unseren Erfahrungen wird selbst von Nerven- und Kinderärzten bei depressiven Verstimmungszuständen nur in etwa 10 Prozent die zutreffende Diagnose gestellt.“ [2]

Die Ursache für solche *ärztlichen Fehldiagnosen* sieht *G. Nissen* darin, daß wir alle mit dem Vorurteil belastet sind, die Kinder könnten zwar relativ oft körperlich erkranken, aber nur selten seelisch krank werden. Wir haben bisher allzu naiv gemeint, die Kindheit sei generell eine „sehr fröhliche Zeit“ – und das müsse eben bei jedem Kinde so sein.

Wenn ein Kind aber einen „Selbstmord“ begeht, dann sind alle zutiefst entsetzt. „Einen solchen Schritt und eine derartige Tat überhaupt hätten wir nie für möglich gehalten“, sagen dann alle, die Eltern, der Lehrer, der Hausarzt, der Pfarrer.

Ist es wirklich so etwas wie „ein Mord, der sich gegen sich selbst richtet“? Ist es eine „Tat“ überhaupt oder nur das tragische Ende einer langen Kette von schweren seelischen Bedrängnissen, die beim depressiven Kinde phasenhaft verlaufen, die auf- und abgehen können und die schließlich nicht mehr zu ertragen sind, weil die *Angst zu groß* ist?

---

[2] G. Nissen, Die Depression beim Schulkind, in: Ärztezeitschrift Sandorama, Nürnberg, Maiheft 1974.

Zunächst schließe ich mich der Auffassung von Professor *Hans Luxenburger* an, wenn er sagt: „Mit Bedacht vermeide ich das Wort ‚Selbstmord', da es sich beim Kinde noch weniger als beim Erwachsenen um einen Mord im psychologischen und rechtlichen Sinne handelt, sondern um Versuche und vollendete Handlungen, die in bezug auf die Veranlassung, die Motivierung und häufig auch auf die Art der Durchführung eine Sonderstellung einnehmen. Sie sind letzten Endes ein existentielles Problem des gefährdeten und gestörten Hinfindens zur menschlichen Existenz, zum Da-Sein in dieser Welt."[3]

Wie soll ein angstbeladenes Kind auch *zu seiner eigenen Existenz ja sagen* können, wie soll es *sein eigenes Schicksal annehmen* können, wenn ihm niemand dabei hilft, wenn die Angst vor dem „Nicht-mehr-leben-Können" immer größer wird?

Aus der fahrenden elektrischen Rheinuferbahn war eine Oberschülerin herausgesprungen, um sich das Leben zu nehmen. Ihre Schultasche mit dem Nichtversetzungszeugnis „Steigt nicht!" hatte sie in der Bahn zurückgelassen. In ihrem Tagebuch, das sie mir vertrauensvoll überließ, als sie nach Behandlung schwerer Knochenbrüche aus dem Krankenhaus kam, las ich seitenlang immer nur: „Ich habe Angst weiterzuleben! Ich habe Angst!!!!!!! Angst vor der Schule! Angst vor den Lehrern! Angst vor Vater und Mutter! Ich kann das alles nicht! Ich kann nicht mehr!!!!!"

Ich habe viele solcher Aufzeichnungen lesen dürfen (in Erziehungsheimen Jahre hindurch von Berufs wegen). Ich habe immer nur den Satz gefunden: „Ich *kann* nicht mehr weiterleben!" (Aber ich habe nie die Aufzeichnung gelesen: „Ich *will* nicht mehr weiterleben!")

Ein Suizidversuch ist „derjenige Vorgang, welcher von der Person als eine Handlung gegen das eigene Leben erlebt wird"[4]. Ich kann mich dieser Auffassung nicht anschließen. Jedenfalls gilt sie nicht für ein Kind. Denn ein Kind ist – glücklicherweise, muß hier mit Nachdruck gesagt werden – noch gar nicht fähig, sein eigenes Leben zu beenden. Auch ein Jugendlicher ist, wie ich meine, nicht befähigt, sein Leben bewußt zu beenden. (Wer kann das überhaupt? Schwere depressive Verstimmtheit ist in jedem Falle bestimmend für solches Tun.)

Die Resignation, die „Sinnlosigkeit" des Lebens, kann erst erlebt werden, wenn ein junger Mensch eine Vielzahl von geistig-

---

[3] H. Luxenburger, Lehrbuch der Kriminologie, Bonn 1969.

[4] J. Stork, Fragebogentest zur Beurteilung der Suizidgefahr, Salzburg 1972.

seelischen Enttäuschungen über sich ergehen lassen mußte. Die phasenhaft auftretende Depressivität verdichtet sich dann bis zur Unerträglichkeit.

Diese Erlebnisse stehen immer mit der *Angst* in Zusammenhang, mit der Angst um die Liebe von Mutter und Vater, mit der Angst um den Verlust der Eltern, mit der Angst vor dem Leistungszwang der Schule, mit der Angst vor der Kontaktlosigkeit, vor dem fehlenden „Du“, dem geliebten Partner, mit der Angst vor dem schrecklichen Alleinsein.

„Suizidverhalten und Depression bei Adoleszenten“, so heißt der Titel des Forschungsberichtes von *J. Stork* (Paris 1972, deutsch in Vorbereitung). *Stork* hat 3086 Jugendliche aus zwei Kulturkreisen untersucht und gelangt zu sehr wichtigen Ergebnissen, von denen ich hier nur einige anführen kann:

- „Beim *Fehlen der Mutter* liegt die Suizidhäufigkeit höher.“
- „Das *erste Lebensjahr* ist dabei ausschlaggebend.“
- „Suizidanten werden wesentlich häufiger *durch Adoptiveltern erzogen*“ (Suizidanten sind Suizidgefährdete).
- „Suizidanten werden als Säuglinge oder Kleinkinder sehr häufig für einige Monate *in ein Heim gegeben.*“

Sind das nicht – anhand exakter Erforschung der Lebensläufe von mehr als 3000 jungen Menschen! – erschreckende Feststellungen?

In der klassischen Psychiatrie war es bisher eine Streitfrage, ob es einen Zustand bei Kindern gibt, welcher der endogenen Depression bei Erwachsenen gleichkommt (*endogen* = von innen kommend). Demgegenüber haben die amerikanischen Kinderpsychiater *Campbell, Harms und Schachter* bereits im Jahre 1952 festgestellt, daß dieses Krankheitsbild *eine für das Kind charakteristische Färbung* hat[5].

Ich befasse mich nicht mit theoretischer Forschung, aber ich kann aus der Praxis bestätigen, daß es eine *typische gemütsmäßige Verstimmtheit bei Kindern* gibt, die unsere ganze Aufmerksamkeit und fachliche Behandlung erfordert. Denn diese Kinder sind *suizidgefährdet,* früher oder später.

Zudem hat noch niemand erforscht, welche Erscheinungsformen die endogene Depression des Erwachsenenalters in der Kindheit hat (eine Frage, die *Stork* zu Recht andeutet). Für den Kindertherapeuten bedeutet das aber nichts anderes, als daß seelisch kranke Kinder *möglichst früh behandelt* werden, damit eine spätere

---

[5] Manic Depressive Diseases, Sondernummer der Zeitschrift, Nervous Child, New York 1952.

schwere Erkrankung beim Jugendlichen oder im Erwachsenenalter *verhütet* wird.

Der Suizidversuch ist immer nur eine „Kurzschlußhandlung“. Es ist ein Verhalten, bei welchem das bewußte Wollen fast vollständig „ausgeschaltet“ ist. Es ist so, als ob die heftige Neigung, „sich selbst etwas anzutun“, ausgelöst wird durch die „Übermacht“ depressiver Gefühle. Ein solches Verhalten – das alles andere ist als eine bewußte Handlung – ist also für uns verständlich – und sogar entschuldbar.

Das ist auch der Grund, weswegen ich das Wort „Selbstmord“ nie verwende. Ich bewahre den Patienten dadurch auch davor, daß sofort in seinen Akten (auch in die der Schule!) aufgenommen wird: „Der Schüler hat bereits *einen* Selbstmordversuch gemacht.“ (Denn das bedeutet schließlich nichts anderes als: „Vorsicht vor diesem merkwürdigen Charakter, der sich selbst und vielleicht auch anderen etwas antun kann!“)

Gabriele, 12 Jahre alt, die ihre geliebte Mutter verloren hatte und deswegen bei der Tante untergebracht war, nahm ein Röhrchen Schlaftabletten, um aus dem Leben zu scheiden. Die Tabletten, die sie zur Verfügung hatte, waren glücklicherweise viel zuwenig wirksam.

„Ich habe keinen Menschen mehr, der für mich da ist.“ So hatte sie in ihren Notizkalender geschrieben, den die Tante las. (Auch solche Kalender gehören, wie alle Tagebücher, zum Intimbereich eines jungen Menschen. Niemand ist befugt, darin herumzuschnüffeln!) „Bilde dir doch nicht immer solche Dummheiten ein! *Ich* bin da und sorge schließlich sehr gut für dich, was willst du eigentlich noch mehr? Deine Mutter ist tot, daran ist nun nichts mehr zu ändern, und du bist alt genug, um dich mehr und mehr damit abzufinden!“ So hatte die sehr energische Tante ihr erklärt. Kurz darauf machte *Gabriele* einen zweiten Suizidversuch, der viel folgenschwerer war.

Nüchterne belehrende Worte genügen eben nicht bei einem so suizidgefährdeten Mädchen, dessen depressive Verstimmtheit nur zu gut nachzufühlen ist. „Der Suizidant braucht *mehr* Geborgenheit und *mehr* liebevolle Zuwendung als andere Menschen“, hat *Stork* sachlich festgestellt.

„Du grübelst viel zu sehr über deine eigene Vergangenheit nach! Unglückliche Kindheit? Daß ich nicht lache! Ich bin auch von meinen Eltern vernachlässigt worden, aber ich habe mich nicht immer zurückgesetzt gefühlt, wie du dir das einbildest. Auch meine Eltern haben mir ihren Willen aufzwingen wollen, und sie haben viel zu hohe Anforderungen an mich gestellt. Aber ich habe mir nichts daraus gemacht! Jedenfalls habe ich das alles positiv verarbeitet und nicht so negativ wie du! Freiwillig aus dem Leben gehen? Du bist idiotisch!"

Wer so auf einen Gleichaltrigen einredet, der sich ihm anvertrauen und ihm sein Herz ausschütten möchte, wird nie sein Freund werden. (Am nächsten Tag war der so angesprochene – und gemaßregelte! – 16jährige Oberschüler aus dem gemeinsamen Zelt am Strand verschwunden. Er war weit hinausgeschwommen ins offene Meer und offenbar immer weiter. Er mochte nicht mehr zurückkommen.)

Der Suizidgefährdete *sehnt sich nach Kontakt* zu einem Menschen, der ihn anhört, der ihn versteht – und der ihm hilft, aus seiner Bedrücktheit herauszukommen. Wenn er aber einen solchen Menschen endlich gefunden hat, dann hat er wiederum *Angst* davor, ihn zu verlieren. Da er infolge seiner gedrückten Stimmungslage zudem erhebliche Kontaktschwierigkeiten hat und kaum mit jemand sprechen mag, macht er sich selber alles um so schwerer.

„Du machst dir alles viel zu schwer." Es ist sicherlich richtig, zu einem solchen Jugendlichen und auch zu einem heranwachsenden Kinde so zu sprechen. Aber dabei darf es nicht bleiben. Viel wichtiger ist es, das Kind – und auch den Jugendlichen! – unmerklich, aber fest „an die Hand zu nehmen" und zu führen, so wie man ein kleines Kind sicher über den gefahrvollen Steg über einen Wildbach führt. Jedenfalls suche ich in meiner Praxis immer nach Menschen aus der Mitwelt des gefährdeten Kindes, die es in besonderer Weise behüten können, es aktivieren, begeistern und sogar mitreißen können, um ihm wieder *Freude* am Dasein zu vermitteln. Denn alle therapeutischen Bemühungen wären vergeblich, wenn das angst- und suizidgefährdete Kind nicht *aus seiner Umwelt die starken Impulse empfängt,* die es so sehr braucht.

Margret, 14 Jahre, saß in ihren freien Stunden täglich auf der breiten Fensterbank am offenen Fenster im 2. Stockwerk des privaten Kinderheimes, in dem ich als junger Student des 1. Semestern praktizierte. Sie war bildhübsch, ich schwärmte heimlich für sie und unterhielt mich gern mit ihr, soweit das möglich war, denn sie sprach nur sehr wenig (und ich war damals noch zu unbeholfen zur Kontaktaufnahme und noch dümmer, um ein therapeutisches Gespräch zu beginnen). „Die Wolken sind wunderschön", sagte sie, merkwürdig leise, als spräche sie zu sich selbst, „und oben im

Himmel ist es jetzt noch viel schöner.“ Sie las schwermütige Gedichte von *Nikolaus Lenau,* und dessen „Die drei Zigeuner“ konnte sie in einer eigenen Melodiegebung vor sich hinsingen: „Dreifach haben sie mir gezeigt, wie man das Leben verachtet“, so heißt es zum Schluß dieses Gedichtes.

Eines Tages war *Margret* tot. „Sie ist von der Fensterbank gestürzt und unten im Garten auf eine Steinbank gefallen, ein Unglücksfall“, hieß es im Heim. Ich bin mit zum Begräbnis gegangen. *Margret* wurde in einer großen Familiengruft beigesetzt. Ich erfuhr jetzt erst, daß sie beide Eltern, die noch sehr jung waren, durch den Untergang eines Passagierschiffes verloren hatte.

Margret ist als Vollwaise ganz offenbar schwer depressiv geworden, und ich habe mir sehr heftige Vorwürfe gemacht, daß ich das nicht erkannte oder wenigstens spürte.

Ein Suizidversuch ist ein Hilferuf an uns alle. Im Grunde ist jeder Mitmensch angesprochen, wenn einer, der noch mitten unter uns lebt, sich so einsam und verlassen fühlt, daß er Angst davor hat, weiterzuleben. Die Zahl der Suizide ist vermutlich viel größer als offiziell angegeben wird, auch dann, wenn man schlechthin von einem Unglücksfall spricht. (Ich habe bei *Margret* damals auch nicht an einen Unfall geglaubt.)

„Manchmal packt mich eine schreckliche Angst, so daß ich *weglaufen* möchte.“ Solche Bekenntnisse hat *Stork* in seiner umfangreichen Untersuchung von vielen suizidgefährdeten Jugendlichen erhalten. In unserer technisierten Welt passiert es offenbar immer häufiger, daß ein junger Mensch, der den Leistungsforderungen des Erwachsenendaseins nicht gewachsen ist, seine Zuflucht dazu nimmt, „etwas ganz Verrücktes zu tun, weil ja doch alles so sinnlos ist“.

„Woher das Böse auf der Welt kommt“, so hat *Leo Tolstoi* eine seiner Novellen überschrieben, in der es in einem Gespräch, das die Tiere mit dem Einsiedler führen, heißt:

„Der Hirsch sagte: ‚Nein, nicht vom Hunger und nicht von der Liebe und nicht von der Bosheit kommt alles Böse auf der Welt, sondern von der Angst. Wenn es möglich wäre, sich nicht zu fürchten, wäre alles gut und schön. Wir haben flinke Beine und viel Kraft. Von einem kleinen Tier befreist du dich mit dem Geweih, vor einem größeren rennst du davon. Aber es ist unmöglich, sich nicht zu fürchten. Es braucht im Wald nur ein Zweiglein zu knakken, ein Blättchen zu rascheln, schon zitterst du am ganzen Leib vor Angst, das Herz beginnt zu klopfen, nichts als aufspringen willst du und davonrennen, was die Beine hergeben. Manchmal saust ein Hase vorbei, schlägt ein Vogel mit den Flügeln oder bricht ein Zweiglein ab, doch du glaubst, es sei ein wildes Tier und läufst so lange, bis du tatsächlich auf ein wildes Tier triffst. Oder du läufst vor einem Hund davon und triffst auf einen Menschen. Manchmal erschrickst du und läufst, ohne selber zu wissen, wohin, und stürzest vor lauter Aufregung einen Hang hinab, und du erschlägst dich. Du schläfst immer nur mit einem Auge, du lauschest und fürchtest dich, keine Rast und keine Ruhe. Alles Böse kommt von der Angst.'" –

Ein „paradiesisches" Leben gibt es nicht, weder bei den Tieren noch bei uns Menschen. Das Gleichgewicht zwischen Körper, Seele und Geist wird empfindlich gestört durch die *Angst.* Die Folgen der tiefen Verängstigung können, wie *Tolstoi* es in seiner Parabel andeutet, schrecklich sein. Das Tier rennt „kopflos" in seinen Tod. Der Mensch kann ausweglos seiner sinnlosen Selbstzerstörung ausgeliefert sein.

„In meinem Innern ist alles Grau in Grau. Ich kann nicht mehr lachen, und ich höre auch das Lachen der anderen nicht mehr. Aber sie rufen mich ja auch nicht mehr, daß ich *mit ihnen lachen* kann. Vielleicht könnte ich dann auch wieder fröhlich sein ..." Das sagte mir ein 15jähriger Schüler. Er hatte drei Suizidversuche gemacht.

Je jünger ein Kind ist, um so weniger ist es fähig, von sich aus seine tiefe Bedrücktheit zu ändern. Es fehlen ihm die Selbstantriebe dazu. Um so wichtiger ist es, daß die *Antriebe von uns* kommen, um zur Bejahung des Lebens und der Lebensfreude zu gelangen.

„Über die Hälfte aller Personen, die später Selbstmord verübten, hat zuvor einen Arzt aufgesucht, 40 bis 50 Prozent innerhalb des letzten Monats vor der Tat und 20 bis 25 Prozent sogar nur eine Woche vor der Ausführung des Entschlusses." So heißt es in einer wissenschaftlichen Untersuchung, die in der „Münchner medizinischen Wochenschrift" in der Ausgabe vom 8. 2. 1975 veröffentlicht wurde.

Ganz offenbar ist es bisher also so gewesen, daß die praktischen Ärzte diesen Hilfesuchenden *nicht* genügend geholfen haben. Daher heißt es in einem Aufruf am Schluß dieser Abhandlung: „Alle Ärzte werden aufgefordert, jeden Hinweis, der als Selbstmordankündigung angesehen werden kann, unbedingt ernst zu nehmen."

Kinder gehen von sich aus nicht zu einem Arzt, wenn sie an depressiven Verstimmtheiten leiden und suizidgefährdet sind, schon gar nicht zum Facharzt für Gemütskrankheiten (denn nur er wäre dafür zunächst zuständig). „Bei jungen Leuten endet von 20 Selbstmordversuchen nur einer tödlich." Das ist ein kläglicher Trost der obengenannten Untersuchung, wenn demgegenüber festgestellt werden muß, wie erschreckend hoch die Zahl der (freilich nicht „registrierten") Suizidversuche bei den Jugendlichen von heute ist.

„Ich möchte überhaupt nicht mehr leben." Wenn ein Kind so spricht, so ist das in jedem Fall sehr ernst zu nehmen, erst recht dann, wenn das Kind das immer wieder sagt. Ohne fachärztliche und psychotherapeutische Hilfen ist die Lebensbedrohung eines solchen Kindes nicht mehr zu beheben.

Angst und Lust

Irene, 4 Jahre, ein zartes und ängstliches Kind, geht mit der Großmutter auf den großen Kirmesplatz. Sie sehen, wie sich viele Leute an der Kasse der „Geisterbahn" anstellen, und die Oma meint, das sei etwas Schönes auch für ihre Kleine. Sie steigen in einen kleinen elektrischen Wagen ein, der nur zwei Sitzplätze hat, und schon geht die Fahrt los, durch einen Vorhang hinein in schwärzeste Dunkelheit. *Irene* hält sich angstvoll an der Oma fest. Plötzlich leuchtet dicht vor ihnen ein Licht auf – und eine riesengroße grüne Spinne mit grellen Augen will auf sie zukriechen. Irene verkrampft sich in Omas Mantel! Die Fahrt geht weiter ins Dunkel, da wird es wieder hell: ein weißes Gespenst wackelt mit dem Kopf, als wenn es auf sie zukommen wollte. *Irene* schreit vor Angst laut auf! Weiter geht's, bis da eine große Hexe in der Ecke steht und mit ihren langen Armen und spindeldürren Fingern nach ihnen greift. *Irene* kreischt laut vor Angst, aber genau an der Stelle geht die Bahn rechtwinklig weiter. (Es „passiert" also gar nichts!)

Kreidebleich steigt *Irene* am Ausgang wieder aus, und auch die Oma ist heilfroh, daß sie das hinter sich hat. Da sehen sie, wie eine Kindergruppe ebenfalls aussteigt, sich halbtot lacht und die Heimtante bedrängt, noch einmal die Geisterbahn fahren zu dürfen. Da erklärt *Irene:* „Ich will auch noch einmal fahren." Beim zweitenmale *weiß* sie nun, was an Gespenstern auf sie zukommt. Sie hat die gleiche Angst wie beim erstenmal, aber gleichzeitig erlebt sie auch eine köstliche *Lust* und empfindet es als *schön,* „bange gemacht zu werden". Abends erzählt *Irene* daheim begeistert von ihren Erlebnissen – und drängt danach, diese *Angst nochmals zu erleben.* –

„Angst haben ist *schön*!" Das sagen viele Kinder, und wenn sie es nicht wörtlich bekennen, so merkt man doch an ihrem Verhalten deutlich genug, wie sehr sie bestimmte *Angsterlebnisse lieben,* sich deshalb diese verschaffen wollen und auch wiederholen möchten. Sie klettern auf den Spielplätzen am Waldrand in die engsten Röhren und die kleinsten Eingänge zu den Wachttürmen der „Forts" (die absichtlich nur für „kleine Leute" gebaut sind. In meinem Handbuch: „Kinder- und Jugenderziehung" habe ich 1960 bereits präzise Anweisungen für den Bau von modernen Kinderspielplätzen gegeben, die von vielen Gemeinden und Stadtbehörden akzeptiert und befolgt wurden). Die Kinder winken von oben jubelnd zu den erstaunten Eltern hinunter – und wollen gar nicht wieder herunterkommen. Denn es ist ausgesprochen *lustbetont,* trotz aller Angst allein bis oben gelangt zu sein – und diesen Erfolg zu *genießen* (wobei sie freilich immer noch etwas Angst haben und sich gut festhalten am Geländer, oftmals auch den Papi bitten, ihnen beim Abwärtsklettern „ein bißchen" zu helfen!).

Gefühle können *ambivalent* sein. Ambivalenz bedeutet das Nebeneinanderbestehen von zwei Gefühlen, die sich eigentlich konträr gegenüberstehen – und daher widersprechen müßten.

Wir sprechen von der „Doppelwertigkeit", besser gesagt, von der „Doppeltgerichtetheit" von Gefühlen. *Zuneigung* kann gleichzeitig auch *Abneigung* sein. *Sympathie* kann gleichzeitig auch *Antipathie* sein. *Liebe* kann gleichzeitig auch *Haß* sein. (Wir müssen besser sagen: in der Liebe kann Haß „mitenthalten" sein.)

Solche Gefühle, die eigentlich „im Widerstreit miteinander" stehen, können auch *ineinander übergehen.* Ich halte den Begriff des „Antagonismus" aus der Physiologie für trefflich geeignet, diese Vorgänge zu verdeutlichen. Jeder Muskel hat einen „Antagonisten", einen „Gegenwirker". Das Beugen des Armes – und damit das Straffen des Bizeps – ist mühsam und anstrengend. Das Beugen *wird nicht als „schön" empfunden,* um so mehr aber das Ausstrecken des Armes, wodurch das Lösen und Entspannen des Muskels bewirkt wird.

Angst wird als ausgespochen unschön empfunden, weil sie alle Kräfte – nicht nur die körperlichen, sondern auch die geistigen und sogar die seelischen! – übermäßig anspannt, wodurch wir uns völlig verkrampfen können. Es ist also verständlich, daß wir *nach Lösung streben,* die uns Lockerung, freies Einatmen und Ausatmen bringt, die uns zu Lässigkeit – und zum *Genießen* führen kann!

„Es reizt richtige Jungen und Mädchen, ihre eigene Angst zu überwinden. Es kribbelt und prickelt ihnen aber auch in allen Gliedern, so *ein Angstgefühl zu spüren*! Deshalb möchten sie die höchsten Bäume erklettern und die dünne Eisschicht eines Teiches betreten. Es ist so etwas wie eine *Wonneangst,* die sie dabei erleben.

Eine Höhle zieht alle Jungen und Mädchen besonders an. Das Dunkle, Geheimnisvolle und Rätselhafte lockt sie unwiderstehlich. Das Verbotsschild am Eingang einer Höhle kann sie nicht aufhalten. Ja, *gerade das, was verboten ist, lockt sie besonders*! Sie wissen genau, daß sie bestraft werden können, wenn sie ein Verbot übertreten. Aber sie wollen zeigen, daß sie davor *keine Angst* haben. Sie wollen ihren *Mut beweisen*!

Überall stehen solche Warnungstafeln, und überall gibt es ‚Zuwiderhandlungen'. – ‚Baden verboten!' – ‚Berühren verboten!' – ‚Ballspiele verboten!' –‚Abreißen von Plakaten verboten!' Da warten sie, bis kein Aufpasser mehr da ist, und dann ist es ihnen ein doppeltes Vergnügen, sich über alles Verbotene *hinwegzusetzen* (wobei ihnen oftmals vor Angst die Hände zittern und die Knie schlottern). Und wenn ihnen ein anderer sagt: ‚Das wagst du ja doch nicht', so werden sie dadurch noch angespornt, ihre Angst ganz hintenanzusetzen."[1]

„Aus Jugendstreichen werden die Taten der Erwachsenen. Wer die Lebensgeschichte großer Persönlichkeiten studiert, der stellt fest, daß Erfinder, Entdecker und Eroberer sich in ihren Kinder- und Jugendjahren unheimlich viel Streiche geleistet haben. Wer aber stets artig und manierlich bleibt, der kann nicht über sich selbst hinauswachsen. Er wird ein kleinlicher Pedant, ein armseliger Bürokrat, und er kann mit 25 Jahren innerlich vergreist sein."

So schrieb ich in dem genannten Buch (das erstmals 1952 erschien). Heute weiß ich aus meiner psychotherapeutischen Praxis mit Erwachsenen, daß jene lebensuntüchtigen Erwachsenen es nie ausnutzten – und auskosteten! –, ihre *Angstgefühle durch lustvolle Erlebnisse zu kompensieren,* und daß sie keine „Wonneängste" kannten.

„Ein Mann ging in den Wald hinaus,
er riß dort hundert Bäume aus
und baute sich ein Haus daraus!"

So brüllte ein Dreikäsehoch aus Leibeskräften etwa zwanzigmal, als er in den „dunklen Wald" hineinmarschierte. Sein Vater, der am Parkplatz auf ihn wartete (und ihn gewähren ließ!), hatte ihm diesen köstlichen „Mut-mache-Vers" beigebracht.

Marga und *Hilde,* 3jährige Zwillinge, müssen nachmittags brav in der Wohnung bleiben, die Eltern sind unten im Goldwarenge-

---

[1] W. Hemsing, Jugendstreiche – verstehen und richtig behandeln, München 1969.

schäft. Sie haben ein reizendes Spiel erfunden, um ihre Angst zu „überspielen". (Zweimal ist schon ein Einbrecher ins Haus eingedrungen und hat aus dem Schaufenster und dem Laden goldene Uhren gestohlen!)

Sie fassen sich an der Hand, machen die Küchentür auf, marschieren über den langen dunklen Flur bis an die Schlafzimmertür und rufen gemeinsam laut ins stockdunkle Zimmer hinein:

„Wenn Se mal vorbeikomm'
dann könn' Se mal 'reinkomm',
dann könn' Se aber was *kaleben*!"

Und dann laufen sie rasch wieder zurück in die Küche, in den Schutz des Hausmädchens, als wenn sie triumphierend sagen wollten: „Na, dem bösen Einbrecher haben wir beide aber gezeigt, daß wir keine Angst vor ihm haben!" Das Hausmädchen hatte ihnen erzählt, sie würde abends, wenn sie in ihr Zimmer geht, an der Tür immer zuerst laut fragen: „Ist da jemand?" Seitdem rufen die beiden Kinder dasselbe auch gern in alle Zimmer hinein.

Der Vater hatte den Kleinen diesen „Lärm" verboten, aber ich unterstützte die Kinder noch in ihrem *Mut-mache-Spiel* und las ihnen das Kinderbuch von *Maurice Sendak* „Wo die wilden Kerle wohnen" mit seinen vortrefflichen großen Bildern vor (Zürich

Hier dürfen Kinder spielen, schreien, und sich austoben. Erwachsene werden gebeten, dies zu Hause zu tun.

Aus: Emil Waas, Heiteres Schilder-Sammelsurium, Herderbücherei Bd. 438, Freiburg ^{2}1973.

1963, jetzt in einer billigen Ausgabe erschienen). Ich übte es mit ihnen auch – ich *trainierte* es geradezu, außerhalb des Hauses freilich –, wie man „Krach machen“ kann. Der Vater hatte bald eingesehen, daß seine Zwillingskinder, die seit ihrer Geburt körperlich sehr zart waren, auf diese Weise „über sich selbst hinauswachsen“ können. (Es war die beste Therapie gegen ihre Dunkelangst!)

Kinder von heute sind allesamt viel zu ängstlich, unsicher – und lebensuntüchtig! – geworden, weil sie nicht mehr rufen und schreien dürfen (um ihre Angst „überschreien“ zu können!).

„Wenn alle Seen wären ein See:
Herrje! was wär' das ein Riesensee!

Wenn alle Bäume wären ein Baum:
Herrje! was wär' dies ein Riesenbaum!

Wenn alle Äxte wären eine Axt:
Herrje! was wär' das 'ne Riesenaxt!

Wenn alle Männer wären ein Mann:
Herrje! was wär' dies ein Riesenmann!

Und wenn dann nähme der Riesenmann
in beide Hände die Riesenaxt
und schlüge um den Riesenbaum
und schmiß' ihn in den Riesensee:
Herrje! herrje! herrjemine!
Der Riesenspritzer im Riesensee!“[2]

Versachlichte Eltern können so etwas ganz triste und monoton ablesen. Man kann dies aber auch „dramatisieren“: Was muß das für ein RIEEEESENSPRITZER sein in so einem RIEESENSEE! Welches wohnlich und lebensmäßig eingeengte – und eingepferchte! – Kind von heute kann denn noch ganz tief Luft holen und mit aller Kraft (und aller Inbrunst!) ausrufen, was das HERRJEH für ein RIESENBAUM sein muß?!

Und wenn das erst eine ganze Gruppe von Kindern laut und immer lauter konstatiert! Aber in den Spielzimmern (und vor den Fernsehbildschirmen) und auch in den Kindergärten von heute

---

[2] Aus: Gritzly 1 – Märchen und lustige Geschichten aus aller Welt für unsere jüngsten Leser, von Artur Kern, Verlag Herder Freiburg.

„Und als Max dort ankam, wo die wilden Kerle wohnen,
brüllten sie ihr fürchterliches Brüllen
und fletschten ihre fürchterlichen Zähne
und rollten ihre fürchterlichen Augen
und zeigten ihre fürchterlichen Krallen,

bis Max sagte: „Seid still!“

Da bekamen sie Angst und nannten ihn den wildesten Kerl von allen und machten ihn zum König der ganzen wilden Kerle.

„Und jetzt“, rief Max, „machen wir Krach!“

muß ja leider alles so lautlos, so „gepflegt" zugehen! Begreifen wir denn gar nicht, daß wir durch diese unlustbetonte Versachlichung *die Lust des Kindes totmachen,* auch „die Lust an seiner Angst"?!

(Ebenso vortrefflich wie die beiden Bändchen „Gritzly" ist das dtv Taschenbuch von *Josef Guggemoos:* „Was denkt die Maus am Donnerstag." Die Verse über das Krokodil, die Giraffe oder den Riesen RABULAN fordern ein Kind geradezu auf, sie laut und vernehmlich aufzusagen – und damit alle Ängste zu vertreiben!)

„Wer fürchtet sich vor dem SCHWARZEN MANN?"

So ruft ein Kind (nein: es brüllt!) auf der einen Seite des Platzes (oder der großen Wiese). Alle anderen Kinder stehen auf der anderen Seite und antworten ebenso laut: „NIEMAND!" – „Wenn er aber KOMMT?" – „Dann laufen wir davon!" Die Antwort fällt schon kläglicher aus, denn nun *müssen* alle loslaufen, in die Arme des BÖSEN Mannes, der sie einzeln fängt (und einige Kinder halten sich beim Laufen an den Händen fest, weil sie alleine „zu bange" sind!).

Die Angst davor, geschnappt zu werden, kann riesengroß sein. Ebenso groß aber ist auch *die Lust, sich der Angst zu stellen,* ja sogar direkt auf das BÖSE zuzulaufen, dabei aber noch schneller zu sein als das zugreifende böse Element – und lustvoll zu genießen, daß man dem Bösen ein Schnippchen geschlagen hat und entkommen ist, wenn man am sicheren Ende der Wiese angekommen ist, aufatmend vor seliger Lust.

So geht das hin und her, es werden immer mehr, die der „Schwarze" sich eingefangen hat – und die bei *ihm* mitmachen müssen als seine Helfer! –, und immer weniger, die es noch lustvoll erleben können, frei geblieben zu sein.

Wie wenige Kinder spielen heute noch dieses prächtige *Angst-Lust-Spiel*! –

„Blinde Kuh, wir führen dich!" – „Wohin denn?" – „In 'n Kuhstall!" – „Was soll ich da?" – „Fressen!" – „Womit denn?" – „Mit 'n Löffel!" – „Hab' kein'!" – „SUCH dir einen!" Das letztere schreien alle Kinder sehr laut, laufen ängstlich und aufgeregt weg und lassen die „blinde Kuh", der sie vorher die Augen verbunden haben, allein da stehen und verstecken sich, um mit großer Lust zu erleben, daß sie vorerst *nicht* eingefangen und dann schließlich *doch noch* geschnappt werden.

Im klassischen *Binetarium,* mit dem man seit 70 Jahren das Intelligenzalter von Kindern testet, gibt es ein Bild dieses Blinde-Kuh-Spiels. Da reißt ein Kind, dem die Augen verbunden sind, versehentlich die Tischdecke vom Tisch. „Was spielen diese Kinder?" So heißt die Intelligenzfrage. Ich habe dieses Bild seit Jahren aus meinem Testkasten ausgewechselt, weil es viele Kinder gibt, die dieses Spiel gar nicht mehr kennen (in ihren gepflegten Wohnungen darf freilich nie eine angeblich kostbare Figur, die man aus dem Sudan mitbrachte, umgestoßen oder gar der Fernseher angetastet werden!). Dabei steckt auch in diesem Spiel ein tiefer Sinn – und eine therapeutische Bedeutung.

Die *Angst vor dem Nikolaus* und vor allem vor seinem Knecht Ruprecht ist nichts anderes als eine *Lust-Angst,* denn der Heilige Mann bringt den Kindern, nachdem er sie zum Guten ermahnte und ihnen ins Gewissen redete, *schöne* Sachen. Und letztlich ist es eine besondere *Lust,* wenn der Knecht Ruprecht, der in vielen Landstrichen als „schwarzer Mohr" erscheint, den Kindern erst einmal „einen richtigen Schrecken einjagt"! –

„Dreh' dich nicht um,
denn der *Plumpsack,* der geht um,
wer sich umdreht oder lacht,
kriegt den Buckel vollgemacht!"

Das ist auch ein treffliches Kinderspiel, in dem sich dauernd *Angst und Lust abwechseln.* Wer spielt es heute noch?

Auch das *Dritten abschlagen* bezeichne ich als ein „therapeutisches Mittel zur spielerischen Angstbewältigung" unserer Kinder. (Ich hoffe zuversichtlich, daß es noch genügend bekannt ist!)

Das Nachlaufen ist für Kinder ein Spiel „zwischen angstvoller Qual und triumphierender Lust". Sie „rennen um ihr Leben", um nicht gegriffen zu werden. Denn dann sind sie „tot" und dürfen vorerst nicht mehr mitspielen. Das Weglaufen vor dem Verfolger, sein Näherkommen, seine Bedrohung, sein Festhalten – alles das sind angstvolle Erlebnisse. Um so lustbetonter ist es, ihm zu entwischen und sich möglichst lange „auf Nummer Sicher" zu fühlen.

Das Nachlaufen mit Anschlagen ist noch reizvoller. Wer entdeckt worden ist, kann immer noch so schnell rennen, daß er dem Verfolger zuvorkommt und *vor* ihm dreimal an die Anschlagswand schlägt, um sich selbst dadurch doch noch „zu retten".

Das Versteckenspielen ist ein Spiel von ebenso heftiger Angst wie Lust. „Mucksmäuschenstill“ sitzt das Kind in seinem sicheren Versteck und hat sich noch dazu „ganz klein“ gemacht, um ja nicht entdeckt zu werden. Es wagt kaum zu atmen. Diese hochgradige Spannung muß dann aber bald gelöst werden – „ich kann es sonst nicht mehr aushalten“, so denkt das Kind –, indem es gefunden und „angeschlagen“ wird (und das heißt schließlich: gefangen und mitgenommen!). *Angst und Lust gehen dauernd ineinander über,* und ein Kind kann seine Lust dann am längsten *auskosten,* wenn es als letztes gefunden wurde. Es *genießt* seine Überlegenheit über den Sucher (und sagt noch dazu: „Hätte ich nicht auf einmal laut husten müssen, dann hättest du mich nie gefunden.“ Dabei war ihm die Kehle zu trocken geworden, weil es vor Angst nicht gewagt hatte, zu atmen!).

„*Eckstein, Eckstein,*
alles soll versteckt sein!
Eins zwei drei: ich KOMME!“

Dieses Versteckspiel ist noch reizvoller. Das drohende (und sehr laute) „Jetzt KOMME ich!“, dreimal und warnend gerufen, erhöht die Spannung (die Angstanspannung) ungemein.

Ich sehe es in den letzten Jahren leider selten, daß unsere Kinder sich in dieser idealen (therapeutischen!) Weise spielend ergehen.

„*Bäumchen, Bäumchen, wechsele dich!*“ Auch dies ist ein sehr schönes Spiel der Angst wie der Lust, insbesondere für Kleinkinder. An jedem Waldrand gibt es Bäume genug, mit dicken und mit dünnen Stämmen. Warum spielen die jungen Eltern von heute dort nicht mehr? Erscheint es ihnen als „zu albern“, mit Kindern von einem Baum zum andern laufen zu müssen? –

„Schornsteinfeger auf der Leiter
läßt ein' Furz und kann nicht weiter!“

Welches „wohlerzogene“ (und daher angstbeladene!) Kind von heute „darf“ das noch laut rufen – um dann möglichst rasch wegzulaufen, aus Angst vor dem „schwarzen Mann“, aus seliger Lust aber auch, daß es sich vor ihm „retten“ konnte!?

„Kaminsfäge, Katzendräge,
sitzt op'm Dach und kann nit fäge.“

So habe ich im Vorgebirge bei Köln unlängst noch einen etwa Dreijährigen laut rufen hören – und dann weglaufen sehen. Denn es ist eine Beschimpfung des Schornsteinfegers, der nur „Katzen tragen“ kann, faul auf dem Dach herumsitzt und nicht fegen kann. Der junge Schornsteinfeger läßt sich das auch nicht einfach gefallen. Also: Ängstlich und dabei doch lustvoll weglaufen!

„Do kütt' ne Jrön!“ Das riefen die Kinder in Köln sich als Warnung laut zu, wenn sie verbotenerweise auf der grünen Wiese Nachlaufen spielten. „Da Jrön“, das war der Aufseher im grünen Dienstanzug, der sie von den städtischen Grünanlagen verjagte. Auch dieses Spiel war hochgradig lustbetont für die Kinder. Niemand von ihnen ist je arg bestraft worden, obwohl sie gerade davor große Angst hatten!

„Zick zack Zigeunerpack!“ So riefen wir früher den schwarzhaarigen und dunkelhäutigen Zigeunerinnen nach, die durch die Straßen zogen (und das scharfe „Zick“ und „Zack“ war noch dazu akustisch eine köstliche Lust). Dann aber mußten wir schnell weglaufen und uns verstecken. „Denn die nehmen kleine Kinder mit und braten die, das machen die ja auch mit den kleinen schönen Igeln, die sie sich fangen!“ In manchen Gegenden nannte man die Zigeuner „Weckschnapp“, weil sie die kleinen Kinder angeblich „wegschnappten“, aber deswegen war es um so lustvoller, ganz dicht an sie heranzugehen und *Angst zu genießen,* um dann fortzurennen.

Ein ebenso lustvolles kleines Angstspielchen war es, „einen Polizisten am Säbel zu fassen“, ganz heimlich (und unheimlich), wenn der an der Straßenecke stand. „Denn der will ja nur alle Kinder aufschreiben, die mal was getan haben. Vor dem haben wir keine Angst! Wir tun *doch* das, was der verbietet!“ Dazu gehörte auch das „Mäuschenfangen“: an einer fremden Haustüre angstvoll klingeln und dann weglaufen, voller Lust, nicht geschnappt zu werden. (Im Ruhrgebiet nannten wir dieses schöne Spielchen: „Schelmännekes machen“.)

Aber schließlich gibt es heute noch genug Möglichkeiten für unsere Kinder, Angst und Lust zu erleben. Sie fahren im *Fahrstuhl,* rauf und runter. Es erzeugt ein Lustgefühl besonderer Art, „nach oben“ und dann „wieder nach unten“ zu sausen, und immer ist da auch die Angst dabei, zumal das unnütze Hin- und Herfahren ja auch verboten ist, vom Hausbesitzer, von allen Mietern, erst recht vom Hauswart, der dauernd aufpaßt.

Sie fahren noch lieber mit dem großen *Paternoster-Aufzug* in einem Verwaltungsgebäude, fahren auch mit über die Kettenscheiben im Dachgeschoß, in dem es ebenso unheimlich knattert wie im Drehmechanismus unten im Keller. Sie *genießen ihre Angst* um so mehr, als es verboten ist und man vorher aussteigen soll!

Sie fahren auf der Kirmes mit auf der *Achterbahn* – und kreischen laut auf, halb vor Angst, halb vor Lust –, wenn es in rasender Fahrt jäh hinunter und in die scharfen Kurven geht. Sie fahren mit auf dem *Riesenrad,* zittern vor Angst ebenso wie vor Lust und wagen kaum zu atmen, wenn sie „turmhoch" über dem weiten Kirmesplatz stehen. Sie fahren mit auf der *Raupenbahn,* die durch schwarze Dunkelheit geht, wobei sich plötzlich und unerwartet auch noch ein schwarzes Dach minuntenlang direkt über ihren Sitz und über die ganze „Raupe" wölbt.

Sie laufen in den *Irrgärten* der alten Lustschlösser umher – und genießen es, sich „verirrt" zu haben. Alles ist angstvoll – und schön!

Sie lernen Rollerfahren und Schlittenfahren, Rollschuhlaufen, Fahrradfahren, Schlittschuhlaufen, sie lernen Schwimmen, Springen und Tauchen. Zuerst ist da immer die große, schier unüberwindliche Angst! Aus Angst wird aber bald Lust, wenn aus der anfänglichen Unsicherheit ein wenig Sicherheit in der Beherrschung der Situation geworden ist: wenn ihnen das Neue nicht mehr fremd und unheimlich ist, sondern wenn sie sich in dieser neuen Daseinsweise wie zu Hause fühlen.

Wenn sie größer geworden sind, gehen sie mit uns auf Höhenwegen und sogar auf Klettersteigen im Hochgebirge, und die Angst-Lust wird erst recht ausgekostet, wenn sie auf Skiern einen Steilhang abfahren, auf einem stürmischen See mit segeln oder auf einem Reitpferd mit durch den Wald galoppieren, wenn sie mit hinausschwimmen in die Meeresbrandung und tieftauchen. „Die Angst sitzt einem immer im Nacken", sagte mir eine 14jährige Schülerin, die ihren Vater, der sich im Urlaub als Höhlenforscher betätigt, jetzt begleiten darf, „es ist immer ganz *unheimlich* – aber unheimlich *schön!*" –

„Ich verlange Berggewässer, Felsen, steile Wände zu erklimmen und niederzusteigen, Abgründe zu meiner Seite, die *mir Angst einjagen.* Ich hatte diesen Genuß und kostete seinen ganzen Zauber aus, als ich mich Chamberty näherte. Nicht weit von einer schroffen Bergwand hat man den Weg mit einem Geländer versehen, um Unglück zu verhüten; so konnte ich hinabblicken und mir *nach Herzenslust Schwindel machen*; denn das Merkwürdige bei meinem Geschmack an wilden Bergpartien ist, daß sie mir den Kopf schwindeln machen, und ich liebe dieses Wirbeln, vorausgesetzt, daß ich dabei in Sicherheit bin." So schrieb *Jean-Jacques Rousseau* vor mehr als 200 Jahren in sein Tagebuch. Von anderen Dichtern und Denkern gibt es ähnliche Schilderungen. Kinder schreiben keine Memoiren, aber für sie sind solche Erlebnisse um so intensiver und nachhaltiger.

Meine Eltern fuhren mit uns 5 Kindern jedes Jahr einmal von Mülheim an der Ruhr bis an den Rhein. Ich habe seit meinem 3. Lebensjahr lebhafteste Erinnerungen an diese Reisen, an die unheimlich große Bahnhofshalle in Köln, an die fauchenden und zischenden Lokomotiven, die da dicht vor mir von der gewaltigen Rheinbrücke in der Kurve ankamen und direkt auf mich zuzufahren schienen, an die Rheinuferbahn, die so rasend schnell fuhr, daß ich Angst hatte, überhaupt aus dem Fenster zu gucken. Das riesengroße Schiff lag in Bonn am Ufer des großen Stromes (der viel größer war als unsere kleine Ruhr zu Hause), die Festhalteketten wurden rasselnd gelöst und 'rübergeworfen, die großen Schaufelräder fingen an, sich zu drehen, so daß das ganze Schiff erzitterte und das Wasser wild aufgepeitscht wurde. Mein größtes Erlebnis war immer der Blick tief hinunter in den Maschinenraum unseres Dampfers. Es war mir unheimlich, weil die großen, schweren, blitzenden Kolben sich hin- und herbewegten. Ich glaubte immer, es seien lebendige Ungeheuer, und ich sah deutlich ihre Gesichter, die Arme und Beine. Sie wollten mich greifen und packen, aber ich war weit genug weg von ihnen! „Wer da 'runterfällt, der wird von den Maschinen zerquetscht“, hatte mein Vater mir vorsorglich erklärt, damit ich mit der Nase nicht zu dicht am Geländer hing. Der ganze Reisetag war für mich immer ein einziges Gemisch von angstvoll-lustbetonten Erlebnissen.

Dieses Erlebnis einer Rheindampferfahrt ist heute noch genauso heimlich-unheimlich für mich wie damals, und ich beobachtete noch im vorigen Jahre, daß es Jungen und auch Mädchen gibt, die ebenso fasziniert, ängstlich und dabei doch lustvoll, in den Maschinenraum hinunterschauen. Die Rheindampfer haben heute ein Gitter über dem Maschinenraum, der zum Deck geöffnet ist, aber man kann noch ebenso schön „in die gruselige Tiefe hinabschauen“ wie früher.

„Ach, wenn es mir nur *gruseln* wollte!“ So sagt auf Schritt und Tritt der Junge im „Märchen, von einem, der auszog, das Gruseln zu lernen“, der *Brüder Grimm*. Er verbringt eine Nacht unter einem Galgen, an dem die Gerippe der Gehängten im Winde gegeneinanderstoßen und ihn deswegen im Schlaf stören, so daß er sie herunterholt und neben sich ans Feuer setzt, wo sie sich wärmen sollen. Er besteht in einem verwunschenen Schloß die unglaublichsten Abenteuer mit Riesenkatzen, denen er einfach die Pfoten abfeilt und sie dann in Schraubstöcken festhält. Ein fürchterlicher Riese erklärt ihm, „nun sollst du bald lernen, was Gruseln ist, denn du sollst sterben", aber der Junge klemmt den Bart des Riesen in einen Amboß ein, und da verspricht ihm der Riese, um wieder befreit zu werden, große Goldschätze, so daß der Junge die Königstochter heiraten kann.

„Aber ich weiß noch immer nicht, was Gruseln ist", so sagt er trotz allem dauernd. Das verdrießt seine junge Frau so sehr, daß sie nachts einen Eimer voll kleiner Fische im Teich holt, ihm die Bettdecke wegzieht und das Wasser mit den zappelnden Fischen über ihn schüttet. Da auf einmal ruft er aus: „Es gruselt mich, es gruselt mich! Hab' eine *Gänsehaut* wie ein Reibeisen! Siehst du, liebe Frau, *endlich nun kenn ich das Gruseln*!"

Holzschnitt von Ludwig Richter

Wenn einer „am ganzen Leibe bebt", wenn ihm „alle Glieder zittern", wenn ihm „die Haare zu Berg stehen" oder wenn er „eine Gänsehaut bekommt", so kann das ebenso Ausdruck der Angst wie der Lust sein. Es gibt Menschen, die „eine Gänsehaut kriegen" bei unerwartet lustvollen Nachrichten – die sie lange angstvoll erwartet haben.

Wir Menschen sind gar nicht dazu da, um aller Angst auszuweichen und sie nur ja zu vermeiden. Nein, *wir leben mit der Angst,* sie begleitet uns ständig. Aber wir verstehen es, mit ihr fertig zu werden. Wir können sie sogar „umfunktionieren" in Lustgefühle! „Ein Schauer lief mir den Rücken hinunter, als ich in den tiefen Abgrund sah, aber es war *schaurig-schön.*" So schreiben wir auf eine Ansichtskarte von der Endstation einer alpinen Bergbahn.

Schließlich bedeutet „schaurig" immer auch so etwas wie „sich in Todesgefahr befinden". Aber vielleicht *suchen* wir diese Bedrohung unserer Existenz geradezu, um jener „unheimlichen Macht" doch zu zeigen, daß sie für uns keineswegs unausweichlich ist? Wir strahlen vor „Angstlust" und vor „Lustangst", und wir erleben ein Hochgefühl besonderer Art, wenn wir „in Seligkeit schwelgen", wenn wir ein Unlustgefühl so *umwandeln,* daß wir nicht mehr darunter leiden, nicht mehr „Trübsal erleiden" müssen. *Wir genießen unsere Überwindung der Angst!*

Claudia, 4 Jahre, ein überaus ängstliches Kind, hatte Angst vor allem vor krabbelnden Kleintieren, vor Spinnen und Käfern, vor Fröschen und auch vor Fischen. Sonntags abends ging sie mit ihrer Mutter immer zum nahen See, den Vater abzuholen, der dort gefischt hatte. Sie *zitterte* davor, daß sie wieder eines der Netze mit den gefangenen Fischen tragen sollte, aber sie *sehnte* sich gleichzeitig auch danach, das wieder erleben zu können: die Fische zappelten immer noch und schlugen gegen ihre nackten Beine, so daß sie „immer so eine schöne Gänsehaut kriegte!"

Claudia ist heute 28 Jahre. Ihre Ängstlichkeit ist nie ganz abgeklungen. Aber gerade deswegen sehnt sie sich nach solchen unheimlich-heimlichen Erlebnissen! Sie liest „schaurige" Märchen und Erzählungen und war neulich sogar in dem Gruselfilm „Die Rückkehr des Kingkong" (dem „größten Monsterfilm aller Zeiten", der übrigens ab 12 Jahren erlaubt ist). –

Morgens früh um sechs
kommt die alte Hex',
morgens früh um sieben
klaut sie gelbe Rüben,
morgens früh um acht
Kaffee wird gemacht,
morgens früh um neun
geht sie in die Scheun',
morgens früh um zehn

holt sie Holz und Spän',
morgens früh um elf
kocht sie dann bis zwölf.
„Fröschebein' und Krebs' und Fisch':
Hurtig, Kinder, kommt zu Tisch!"

Das ist ein Spiel, das ich schon sehr oft mit Kleinkindern gespielt und dabei drastisch dramatisiert habe. Man kann es an den Gesichtern ängstlicher Kinder geradezu ablesen, wie aus ihrer Angst vor der gräßlichen Hexe Zutrauen wird, wie sie es sogar genießen, lustvoll zu der „bösen" Hexe hinzulaufen und aufzuessen, was sie ihnen kochte! –

„Sollen wir denen mal *Angst einjagen*?" Das ist auch ein „heilsames" Spiel der Kinder. Sie „erschrecken" andere Kinder und auch die Erwachsenen. Freilich, zum Bangemachen gehören *zwei:* einer, der bange machen kann, der also erschreckend wirkt – und einer, der sich bange machen läßt. Als bloßes *Spiel* wird es sehr bald von allen Beteiligten aufgefaßt. Es ist immer *schön,* sich ein bißchen „einschüchtern" zu lassen (und damit „in die Enge getrieben zu werden") – und Angst zu erleben.

Im Spiel *provozieren* die Kinder geradezu ihre Angst. Schließlich haben sie das von den Erwachsenen gelernt! Das „Geisteraustreiben" in manchen Gegenden Deutschlands erfolgt mit sehr viel Lärm und Getue, mit schaurig-schönen Masken und grotesken Verkleidungen. Es ist bunt und turbulent, aber dahinter steckt doch die alte Volksweisheit (die bei primitiven Völkern noch sehr ernst genommen wird), daß man mit sehr lautem Lärm die bösen Geister, alles Böse – und damit die Angst davor! – vertreiben kann. Sie machen eine „lange Nase" und strecken die Zunge heraus, sie schneiden Grimassen, malen sich die Gesichter an und gehen auf hohen Stelzen, um zu zeigen, daß sie *der Angst überlegen* sind.

Unsere Kinder tun das im Spiel tagtäglich. Es ist so, als wollten sie *die Angst herausfordern.* Wir sollten es ihnen nicht untersagen!

Fast jedes Kind hat schon einmal in einer fremden Menschenmenge, in einem großen Kaufhaus, auf dem weiten Kirmesplatz, in einem großen Bahnhof plötzlich seine *Mutter verloren.* Ich habe das spielerisch mit Kindern so oft – und so vielfältig – wiederholt, bis ihr Schrecken völlig abgeklungen ist. Nicht einmal vor dem „dunklen Schlafzimmer" oder gar vor dem „dunklen Wald" haben sie Angst, wenn es *im Spiel oft genug erlebt* wurde. Sogar die Hundeangst kann auf diese Weise spielerisch abgetan werden. Es ist so, als drängten die Kinder danach, im Spiel ihre Schrecken angstvoll zu wiederholen, so lange, bis es für sie ausgesprochen lustbetont ist. Es ist so, als wollten sie ihrer Angst dadurch die lähmende Kraft nehmen, als wollten sie „die Macht der Angst entkräften".

Thomas, 4 Jahre, geht nichtsahnend mit dem Vater in die Neubauwohnung im 8. Stock, Treppe um Treppe, noch ohne Geländer, und oben steht das Kind plötzlich im Freien, ohne Fenster, ohne Gitter am Balkon, blickt hinunter in die schreckliche Tiefe – und schreit laut auf vor Angst, hält sich an der äußersten Ecke krampfhaft fest – und will „nie mehr wieder mitgehen in das neue Haus".

Auf meinen Rat hin hat der Vater sich *anders* verhalten. Er hat gewartet, bis das Haus fertig war, ja sogar, bis der Umzug getätigt war. *Thomas* fuhr im neuen Fahrstuhl fröhlich mit bis oben. Er trippelte durch die Zimmer, denn da standen ja alle ihm vertrauten Möbel, da stand auch sein Bett und all sein geliebtes Spielzeug. Dann führte der Vater ihn auch mal ans Fenster und zeigte ihm den hohen Himmel. Da flogen sogar die Vögel herum, *ganz oben.* Dann zeigte der Vater ihm auch die hohen Bäume, die fast bis ans Fenster hinaufwachsen. Thomas wollte von sich aus auf die Fensterbank stehen und gucken! Dann erst wurde er angeleitet, auch einmal ein bißchen *nach unten* zu gucken. Auf den Balkon wollte er dann von sich aus auch mal gehen, und dann sah er hinunter *bis ganz unten.* „Da steht ja unser Auto, da unten, siehst du es? Und da unten spielen auch die anderen Kinder, mit denen kannst du dann auch *da unten* spielen!"

Auf diese Weise hat *Thomas* seine *Hochhaus-Angst* wie in einem Spiel abgelegt. Man hätte das durchaus auch in einem anderen Hochhaus „üben" können, wo bereits gute Bekannte wohnen, die möglichst auch Kinder im gleichen Alter haben. Der jähe – und völlig unvorbereitete! – Blick in die Tiefe muß für ein Kind zwangsläufig zu schrecklicher Angst führen (und es gibt genug Erwachsene, denen es ganz genauso ergeht, wenn schwindelfreies – und angstfreies! – Verhalten nicht behutsam eingeübt wurde). –

Petra, 5 Jahre, hat von der Tante eine ältere Ausgabe vom *Ludwig Bechstein Märchenbuch* bekommen, mit 174 Bildern nach den Originalholzschnitten von *Ludwig Richter.* Zu dem Märchen „Der kleine Däumling" gibt es da ein ganz gruseliges Bild, wie der böse „Menschenfresser" die Kinder „gerochen" hat, obwohl sie sich alle unter dem Bett versteckt hatten, wie er sein langes Messer schon gewetzt hat, wie ihn aber seine Frau noch davon abhalten kann,

sie alle zu schlachten, weil sie ja noch so dürr sind, besonders der kleine Däumling, und erst einmal aufgefüttert werden müssen.

Petra hat schreckliche Angst vor diesem Bild, das ihr die Tante zeigte, als sie dem Kinde das Märchen vorlas. Aber trotzdem – oder gerade deswegen? – holt *Petra* sich das Buch immer wieder hervor, sucht nach diesem Bild, und wenn sie es gefunden hat in dem dicken Buch, klappt sie es aber gleich wieder zu!

So verhalten sich viele Kinder, gerade bei guten Märchenbildern (etwa in den *Kinder- und Hausmärchen der Brüder Grimm,* mit sehr vielen Bildern zeitgenössischer Künstler, dessen Sonderausgabe bei Winkler, München, sehr preiswert ist).

Ich habe nichts gegen solche Bilder, nicht einmal gegen die Bebilderung in der Reihe „Der bunte Märchenschatz" (Neuer Tessloff Verlag, Hamburg), in der der Schrecken der Däumlingskinder noch viel „drastischer" dargestellt ist. Denn der kleine Däumling ist ja so überaus schlau und auch so schnell, daß er alle seine großen Geschwister rettet und sie heil nach Hause führt. „So lebte die ganze Korbmacherfamilie noch lange und glücklich. Und das hatten sie alles dem klugen kleinen Däumling zu danken." So geht das Märchen zu Ende.

Journalisten von heute behaupten gern, Märchen seien „zu grausam". Von dieser Meinung infiziert, sind Eltern von heute der Ansicht, sie sollten unsere alten Hausmärchen ablehnen. Ich muß mich gegen eine solche Meinung energisch verwahren.

Aus: Bechstein/Perrault, Der bunte Märchenschatz, Neuer Tessloff Verlag, Hamburg.

Es ist ein Irrtum, anzunehmen, die Märchen könnten dem Kinde „schaden". Unsere alten Volksmärchen behandeln in ihrer Bildersprache die uralten Probleme der Menschen, die Bedrohung ihres Daseins durch unheimliche Mächte, die Konflikte vor allem auch zwischen den Generationen – und sie führen immer zu einer Lösung, zur *Angstbefreiung*. (Ich kenne nur ein einziges deutsches Volksmärchen, das ein grausames Ende hat. Es ist das Märchen vom Machandelbaum, in dem die Angst des Kindes nicht aufgelöst wird. Es steht auch nur in wenigen Märchensammlungen.)

Die böse Stiefmutter im Märchen wird zur Strafe in ein häßliches Tier verwandelt. Die böse alte Königin, die die neugeborenen Kinder der jungen Königin verwünschen will, muß sterben. Der zu strenge Vater erhält eine gerechte Strafe für seine herzlosen und grausamen Untaten an seinen Kindern. Die böse Hexe, die kleine Kinder einsperrt und auffressen will, wird verbrannt.

Die kleinen Geschöpfe sind es vor allem, die im Märchen von all ihren Lebensängsten erlöst werden. Die Königstochter läßt den kleinen häßlichen, ausgestoßenen Frosch von ihrem goldenen Teller essen und nimmt ihn sogar mit in ihr seidenes Bett, um dadurch zu erleben, wie er erlöst wird und mit ihr zusammen ein glückliches Leben führt. Aus dem häßlichen kleinen Entlein, das sich von den anderen so sehr bedrängen, hintansetzen und picken lassen muß, wird der allerschönste Schwan, den es je gab. Der kleine Däumling als verkrüppelter Nachkömmling einer großen Geschwisterreihe, der dumme jüngste Bruder unter, ach, so klugen großen Brüdern, sie müssen viel Angst und Trübsal erleiden, um zuletzt doch sehr glücklich zu werden.

In diesen Märchenfiguren *erleben die Kinder sich selbst,* ihre Ängste und Bedrängnisse. In ihrem Alltagsleben können sie sich nicht wehren gegen eine lieblose Mutter, gegen einen kaltherzigen Vater. Im Märchen aber erleben sie die *Befreiung von ihren Ängsten.*

Außerdem erlebt das Kind im Märchen, daß es ihm nicht alleine so ergeht, sondern daß *andere Kinder auch* solche Ängste und Leiden ausstehen müssen, daß sie eines Tages aber auch davon befreit werden „und sehr, sehr glücklich leben bis ans Ende ihrer Tage".

Im Februar 1975 hat ein Bundesbildungsminister in Bonn erklärt, die Fernseh-Vorschulserie „Sesamstraße" habe viele Eltern „stärker an pädagogische Fragen herangeführt". Durch die „beliebten Puppenfiguren *Erni* und *Bert*" hätten Kinder, die regelmäßig diese Serie sehen, gelernt, „besser abstrakt zu denken und zu verallgemeinern". Die Kinder seien „selbstbewußter" geworden.

Ich halte das für eine vordergründige Schein-Erkenntnis (die auf

Befragungen des Hans-Bredow-Institutes, Hamburg, zurückgehen soll). Wer Kinder wirklich kennt, der weiß, daß hinter ihrer bloß sachlichen „Einübung von Verhaltensmustern" die *Unfähigkeit* geblieben ist, der Welt so zu begegnen, wie sie wirklich ist: mit allen Ängsten und Unsicherheiten nämlich.

Jede Stunde, die ein Kind vor dem Fernseher sitzen muß, ist vertan. Kinder wollen laufen und rennen, wollen nachlaufen und sich fangen lassen, sich verstecken und sich finden lassen, wollen weglaufen und wegfahren und sich einholen lassen, und dabei wollen sie, ebenso angstvoll wie lustvoll, rufen und schreien – und auch lauten Lärm machen. Und wenn sie gänzlich ausgespielt – und ausgetobt! – haben, dann drängen sie danach, lebendige Märchen erzählt zu bekommen, in denen sie ihre Ängste erneut seelisch verarbeiten können. Die Kaulquappenfratzen von *Erni* und *Bert* auf dem Bildschirm können das *nicht* ersetzen.

Es ist so, als erhielten die vielen unbewußten Ängste unserer Kinder durch die Märchen einen Inhalt, einen festen Halt. Am Schluß jedes Märchens „wird die Ordnung wiederhergestellt". Alle Ängste werden genommen. Aufatmend, freudig und lustvoll, fühlt sich das Kind wieder geborgen in seiner Welt. Unsere Märchen sind also ein wichtiges „Psychotherapeutikum" für Kinder.

Märchen müssen dem Kinde *erzählt* werden von einem Erwachsenen, freilich anhand des Märchentextes – den das Kind genau kennt. Es ist ihm nicht recht, wenn der Erwachsene die Geschichte auf einmal ganz anders weiter erzählen möchte! Die eindrucksvollen Bilder des Märchenbuches, die das Kind *lange betrachtet* – und dabei „angstvoll genießen" möchte –, sprechen eine deutliche Sprache, an der nicht gedeutelt werden darf.

Beim Erzählen und auch beim Vorlesen sollte das Kind *auf den Schoß genommen* werden, jedenfalls ganz dicht am erzählenden Erwachsenen sitzen oder stehen. Nur so kann es die Bedrängnisse durch das Böse und die Ängste der Märchenfiguren durchstehen. Nur so kann es auch die Befreiung von aller Angst am Ende jedes Märchens miterleben. (Schallplatten mögen noch so „künstlerisch wertvoll" sein: sie lassen das Kind allein. Daher ist es auch allein mit dem Bösen, ihm ausgeliefert. Vor dem Fernseher ist das nicht anders!)

Freilich wird man die Märchen *nach der Altersstufe des Kindes* auswählen. Das Märchen „Vom Wolf und den sieben Geißlein" ist geeignet, dem Kleinkind darzutun, wie groß die Liebe der Mutter ist, wie stark sogar ihre Kraft über das Leben und die „Macht über den Tod" ist. Aus dem Märchen „Die Bremer Stadtmusikan-

Aus: Erika Klemme, Hänsel und Gretel, Dr. Hans Peters Verlag, Hanau.

ten“ erkennt das Kind, daß es sich nicht immer nur an Mutters Rockzipfel festhält, sondern „auf eigenen Füßen in die Welt wandert“, auch wenn es Ängste und Bedrohungen ausstehen muß. Hier wird dargetan, daß die „Trennungsangst“ des Kleinkindes auch zu lustvollen Abenteuern führen kann.

Ein Kleinkind, das auf dem Spielplatz von einem „bösen“ Jungen in eine Wasserpfütze geworfen wird, atmet erleichtert auf, wenn es im Märchen hört, daß „einer bösen Tat die Strafe auf dem Fuße folgt“, wie es in „Hänsel und Gretel“ oder in „Rotkäppchen“ erfolgt.

In dem alten Hausbuch „Des Knaben Wunderhorn“ gibt es die köstlichen Verse vom „Bucklicht Männlein“. Die großen bunten Bilder dazu von *Hilde Hoffmann (Alle Tage fröhlich sein,* Oldenburg 1964) können dem Kleinkind sehr anschaulich seine Ängste vor dem „bösen Männlein“ nehmen, können ihm sogar zu lustvoller Angstbefreiung verhelfen (siehe Seite 118/119).

Aus: Rüdiger Stoye, In der Dachkammer brennt noch Licht, Otto Maier Verlag, Ravensburg, S. 41.

Ganz vorzüglich ist das neue Bilderbuch von *Rüdiger Stoye: In der Dachkammer brennt noch Licht* (Ravensburg 1973). Zwei Kinder haben heftige Angst vor einem Buckligen, der in der Dachkammer ihres Hauses wohnt und den sie für einen bösen Zauberer halten. Daraus entwickelt sich eine echte Freundschaft zu einem Erwachsenen, der die Kinder von vielen Großstadtängsten befreien kann. (Die großen bunten Bilder dieses Buches sind äußerst eindrucksvoll!)

Aus: Alle Tage fröhlich sein. Ein Hilde-Hoffmann-Bilderbuch. Gerhard Stalling Verlag, Oldenburg und Hamburg 1964.

»Liebes Kindlein, ach, ich bitt,
Bet fürs bucklicht Männlein mit!«

Aus: Fix/Harrison, Riesen sind nur halb so groß, Otto Maier Verlag, Ravensburg.

Riesen sind nur halb so groß, so heißt ein köstliches neues Bilderbuch von *David L. Harrison* (Ravensburg 1974), in dem die Angst des Kindes – das immer noch so klein ist und doch bald groß werden möchte, um allen zu zeigen, was es schon kann! – meisterhaft dargestellt ist. „Nur keine Angst vor sogenannten Riesen, *die tun bloß so,* als könnten sie mehr als wir Kinder." So müßte man viele Kinder *ermuntern!*

Märchen können *spielerisch gestaltet* und dadurch um so intensiver erlebt werden. Man ist erstaunt, wie „böse" die böse Stiefmutter des Märchens dabei von den Kindern dargestellt wird und wie sehr sie gerade den angsterfüllten Märchenfiguren ihre Zuneigung und Liebe zukommen lassen.

„Und wenn der Wolf begraben ist,
dann sind die Kinder froh!“

So singen sie laut, wenn sie um den toten Wolf im Märchen vom „Rotkäppchen“ springen, sichtlich aufatmend und befreit von aller Angst.

Unsere Kinder wollen ihre Ängste auf ihre Weise „genießen“ – und wir sollten sehr darauf bedacht sein, ihnen diese lustvollen Erlebnisse zu ermöglichen. Wir sollten dafür sorgen, daß unseren Kindern – in ihren engen Wohnungen, in den Hochhäusern, ja auch in den Kindergärten von heute, in den Grundschulen und sogar in den Oberschulen – nicht „vor Angst das Wort im Halse stekkenbleibt“, sondern daß sie therapeutisch angeleitet werden, sich gegen ihre Ängste „lustvoll zu wehren“!

Mit der Angst leben

„Das Erlebnis Angst gehört zu unserem Dasein. So allgemeingültig das ist, so erlebt doch jeder Mensch seine persönlichen Abwandlungen der Angst, ‚der' Angst, die es ebensowenig gibt wie ‚den' Tod oder ‚die' Liebe. Jeder Mensch hat seine persönliche, individuelle Form der Angst, die zu ihm und seinem Wesen gehört, wie er seine Form der Liebe hat und seinen eigenen Tod sterben muß. Es gibt also Angst nur erlebt und gespiegelt von einem bestimmten Menschen, und sie hat darum immer eine *persönliche Prägung,* bei aller Gemeinsamkeit des Erlebnisses Angst an sich. Diese unsere persönliche Angst hängt mit unseren individuellen Lebensbedingungen, mit unseren Anlagen und unserer Umwelt zusammen; sie hat eine Entwicklungsgeschichte, die praktisch mit der Geburt beginnt.

Wenn wir Angst einmal ‚ohne Angst' betrachten, bekommen wir den Eindruck, daß sie einen Doppelaspekt hat: einerseits kann sie uns *aktiv machen,* andererseits kann sie uns *lähmen.* Angst ist immer ein *Signal* und eine *Warnung* bei Gefahren, und sie enthält gleichzeitig einen *Aufforderungscharakter,* nämlich den Impuls, sie zu überwinden. Das Annehmen und das Meistern der Angst bedeutet einen Entwicklungsschritt, läßt uns ein Stück reifen. Das Ausweichen vor ihr und vor der Auseinandersetzung mit ihr läßt uns dagegen stagnieren. Es hemmt unsere Weiterentwicklung und läßt uns dort kindlich bleiben, wo wir die Angstschranke nicht überwinden.

Angst tritt immer dort auf, wo wir uns in einer Situation befinden, der wir nicht oder noch nicht gewachsen sind. Jede Entwicklung, *jeder Reifungsschritt ist mit Angst verbunden,* denn er führt uns in etwas Neues, bisher nicht Gekanntes und Gekonntes, in innere oder äußere Situationen, die wir noch nicht und in denen wir uns noch nicht erlebt haben.

Alles Neue, Unbekannte, erstmals zu Tuende oder zu Erlebende enthält – neben dem Reiz des Neuen, der *Lust* am Abenteuer und der Freude am Risiko – auch *Angst.* Da unser Leben immer wieder in Neues, Unvertrautes und noch nicht Erfahrenes führt, *begleitet uns Angst immerwährend.* Sie kommt am ehesten ins Bewußtsein an besonders wichtigen Stellen unserer Entwicklung, da, wo alte, vertraute Bahnen verlassen werden müssen, wo neue Aufgaben zu bewältigen oder Wandlungen fällig sind. Entwicklung, Erwachsenwerden und Reifen haben also offenbar viel zu tun mit Angstüberwindung, und jedes Alter hat seine entsprechenden Reifungsschritte *mit den dazugehörenden Ängsten,* die gemeistert werden müssen, wenn der Schritt gelingen soll."[1]

Was ich aus langjähriger Praxiserfahrung weiß, wird hier wissenschaftlich exakt formuliert. Die Angst ist nicht „aus der Welt zu schaffen", auch nicht aus der Welt des Kindes.

„*Ängstlichkeit* ist eine über einen längeren Zeitraum hinweg in ihrem Ausprägunsgrad relativ konstant bleibende Persönlichkeitseigenschaft."[2]

Dieser Auffassung kann ich mich ganz und gar nicht anschließen. Die Bedeutung dieses „Fragebogens zur Erfassung des Ängstlichkeitsgrades von Kindern" soll nicht geschmälert werden (wenngleich er nur für den Analytiker, den bloßen Diagnostiker dienlich sein kann). Der obigen Grundeinstellung aber kann ich nicht zustimmen, schon gar nicht jener, daß *Thurner* von der Angst spricht als „eines Phänomens, dessen Bedeutsamkeit und Komplexgrad jenem der Intelligenz ähnlich sein dürfte".

Ängstlichkeit ist nichts anderes als eine *Disposition* (lateinisch *disponere* = bereitstellen). Die Ärzte bezeichnen die Anfälligkeit eines Patienten, seine Ansprechbarkeit und Empfänglichkeit für bestimmte Erkrankungen als Disposition. Ängstlichkeit ist also die dispositionelle *Neigung,* auf ein einmaliges Erlebnis im Wiederholungsfalle in der gleichen Weise zu reagieren. Ein Kind, das bei seiner ersten Begegnung mit einem großen schwarzen Hund angstvoll reagierte, *tendiert* dazu, vor allen anderen Hunden Angst zu haben. Das ist aber alles andere als eine manifeste Eigenschaft. Denn dem Kinde ist sehr wohl auch *die andere Möglichkeit* gegeben, eben *nicht* angstvoll zu reagieren!

„Ich war früher auch immer sehr ängstlich. Eigentlich bin ich es heute noch!" So bekennen mir heimlich viele Mütter ängstlicher Kinder. Es gibt *anlagebedingte* und auch *erworbene* Dispositionen.

---

[1] F. Riemann, Grundformen der Angst. Eine tiefenpsychologische Studie, München 1975.

[2] F. Thurner, Der Kinder-Angst-Test, Göttingen 1972.

Meistens muß man sagen „sowohl als auch“, denn die ängstliche Mutter hat dem Kinde ihre eigene Angsthaftigkeit noch „beigebracht“.

Ängstlichkeit ist nie eine Wesenseigenschaft, eine „Grundeigenschaft“ (nach meinem Lehrer *Ph. Lersch*). Daher besteht die Möglichkeit – und die Aufgabe! –, sie therapeutisch *abzubauen*. Der praktische Arzt verordnet einem Kinde, das für eine bestimmte Erkrankung anfällig ist, wirkungsvolle Medikamente. Zusätzlich wird der erfahrene Arzt eine ganze Reihe von Verhaltensweisen anordnen und Vorbeugungsmaßnahmen empfehlen, durch welche die Anfälligkeit des Patienten abklingt.

In der Therapie der Angst ist das nicht anders. Kinder, die zur Ängstlichkeit neigen, sind meist zarte Naturen, wirken dadurch unsicher und können – in der Bewältigung der Umweltforderungen – als lebensuntüchtig erscheinen. Sie können behutsam *angeleitet* werden, ihre Ängstlichkeit zu beheben. Ebenso wie bei der Behandlung der Anfälligkeit für *körperliche* Erkrankungen ist eine solche *seelische* Behandlung sogar eine besondere Forderung an uns. (Ich werde in meinem nächsten Taschenbuch der Herderbücherei: *„Autogenes Training mit Kindern“* auf diese Behandlungsweise sehr detailliert eingehen.)

Die junge englische Biologin *Jane Goodall* hat Jahre hindurch wildlebende Schimpansen beobachtet und lebte im afrikanischen Urwald sozusagen „mit ihnen zusammen“. Als sie dann dort heiratete, nahm sie sich vor, ihren Säugling „niemals schreiend in der Wiege allein liegen zu lassen“ und ihn stets mitzunehmen. „Ich habe zuviel von den Schimpansen gelernt, um auch nur auf die Idee zu kommen, mich für längere Zeit von meinem Sohne zu trennen.“[3]

Die englische Verhaltensforscherin berichtet nichts darüber, welche *anderen* Konflikte ihr Sohn gehabt hat (der heute 8 Jahre alt ist). Denn sie hat es versäumt, ihr Kind an die erforderliche Trennung von der Mutter rechtzeitig zu gewöhnen – und mit der Trennungsangst fertig zu werden.

Wir Menschen sind keine Schimpansen. Im übrigen haben auch die „ach, so bemutterten“ jungen Affen – die von der Mutterbrust nicht loskommen und in rührendster „Affenliebe“ aufwachsen – sehr deutliche Ängste. Ich selbst habe miterlebt, wie im Leipziger Zoo im Jahre 1941 eine Schimpansenmutter 3 Tage nach der Geburt ihres ersten Jungen starb. Das Schimpansenkind – wir gaben

---

[3] J. Goodall, Wilde Schimpansen, Hamburg 1971.

ihm den Namen *Eva* – wurde dann von einer Menschenmutter, meiner Kommilitonin, angenommen, die monatelang nicht von dem Kleinsttier wich, mit ihm zusammenwohnte, es fütterte und bemutterte. (Damals hat man erstmals wissenschaftlich feststellen können, daß Schimpansen die gleiche Konsistenz der Muttermilch haben wie menschliche Mütter, daß ein Schimpanse die gleichen Säuglingskrankheiten durchmacht wie ein Menschenkind usw.) *Eva* klammerte sich in ihrer frühesten Kindheit Tag und Nacht an ihre „Mutter", aber wir konnten sie dann behutsam daran gewöhnen, von der Ersatzmutter getrennt zu sein, zuerst nur kurze, dann längere Zeitabschnitte. Sie konnte dann auch unseren anderen jungen Schimpansen zugesellt werden, gedieh prächtig und war ganz offenbar ihres Lebens sehr froh. Die Trennungsangst von der „Mutter" – die für *Eva* immer noch da war! – war längst überwunden, und eine Fremdenangst hatte *Eva* im wohlbehüteten Zoo nie erlebt.

Eines Tages aber wurde *Eva* von panischer Angst gepackt, als sie zum erstenmal eine kleine, sich windende Schlange auf dem Fußboden sah – obwohl sie doch noch nie eine Schlange gesehen hatte und schon gar nicht erfahren konnte, daß Schlangen möglicherweise gefährlich sein können. Dies war also so etwas wie eine *Ur-Angst* (die man übrigens bei allen Menschenaffen antrifft).

Die Angst ist nicht aus unserer Welt zu schaffen. Ein Kind kann noch so wohlbehütet und umsorgt heranwachsen – eines Tages begegnet es der Angst, und dann muß es lernen, mit ihr fertig zu werden.

„So hatte ich jahrelang mit Gespensterangst zu kämpfen. Ich sah sie in der Zeit, als ich noch früh ins Bett mußte und mein älterer Bruder, der das Zimmer mit mir teilte, länger aufbleiben durfte, in jenem entsetzlichen Dunkel, in dem es doch immer Lichter und Bewegungen gibt, und hörte sie in der Stille, die von tagfremden Geräuschen erfüllt ist. Ich wußte, daß das kreidige Gerippe hinterm Vorhang nur der Lampenschimmer von Nachbarhäusern war, der durch den Fächer der grünen Jalousie draußen hereinfiel, aber es war doch ein Gespenst, das mich zwang, die Augen offenzuhalten, sonst wäre es über mich gekommen, und ich erfand andere, mit bestimmten Namen, die aus dem Schrank oder unter der Türritze hereinkamen – eines hieß das ‚Fadengespenst', ich zeichnete es sogar in mein Schmierheft, es hatte Arme, Beine, Leib und ein nach unten spitzwinkliges Dreieck als Kopf, alles nur aus haardünnen Strichen. Aber vor dieser Zeichnung, meinem eigenen Produkt, fürchtete ich mich dann noch mehr, es war jetzt, wie eine Totemfratze, erst recht fürchterlich geworden.

Ich wußte, daß das eintönige unverständliche Murmeln von nebenan die Gespräche der Eltern waren, und doch wurde es zu einem so grauenvollen Gespensterlallen, daß ich schließlich, nach heldenhaften Versuchen zur Selbstbeherrschung, zu schreien anfing. Aber ich habe es meinem Vater nie übelgenommen, wenn er dann, gestört und ärgerlich, hereinkam, mich einen dummen oder ungezogenen Lausbub schimpfte und mir manchmal sogar ein paar über den Hintern zog, weil er glaubte, daß ich aus reiner Bosheit ‚nicht schlafen wollte'. Er verstand es nicht besser, und gegen Unverstand läßt sich nichts ausrichten, ich bedauerte ihn eher, daß er so dumm war und nicht so viel merkte und wußte wie ich. Das Schimpfen und die Prügel waren real und bannten die Geister, verheult schlief ich ein. Wenn ich dann später wieder wach wurde und aus dem anderen Bett das tiefe, gleichmäßige Atmen des Bruders hörte, waren keine Gespenster mehr da."

So schreibt *Carl Zuckmayer* in seinen Lebenserinnerungen „Als wär's ein Stück von mir" (Frankfurt 1969). Im Anschluß an diese Angstschilderungen schreibt der Dichter sehr treffend, daß „schon ein Hund, der im selben Zimmer schläft, die Angst vor dem Unsichtbaren durch sein Dasein auflösen und die Dämonen vertreiben kann". Jeder, der eine derart angstbeladene Phase erlebt hat, wird *Zuckmayers* Bekenntnis bestätigen: „Die Kindheit, obwohl ich sie glücklich nennen darf, würde ich niemals mit einem im Paradies gelebten Augenblick vergleichen."

In *Zuckmayers* Kindheit war es „der große Bruder", dessen Anwesenheit die Angst „auflöste". Bei anderen Kindern sind es *andere* Hilfen zur Angstbehebung. Jedes Kind hat einen anderen „Angstpegel", jedes auch eine spezifische „Angstschwelle". Es ist ein Verdienst der pharmazeutischen Firma *Wyeth* (Münster/Westf.), sich in Zusammenarbeit mit führenden Fachärzten und Psychotherapeuten wissenschaftlich mit der „Anxiolose" zu befassen, mit der spezifischen Angstbefreiung besonders bei ängstlich gehemmten Patienten. Ich habe das Medikament *Tavor-Wyeth* schon sehr oft mit besonderen Erfolgen bei der psychotherapeutischen Behandlung ängstlicher Kinder empfohlen. Tatsächlich kann „das Leitmotiv Angst" dadurch entscheidend abgebaut werden[4].

Bei aller Angsttherapie aber sollte nicht übersehen werden, daß die Angst auch eine besondere *soziale Bedeutung* hat. „Seit Äonen

---

[4] E. Kaemmerer, Münchener Med. Wochenschau 114/1972.

hatten in der Naturgeschichte immer diejenigen die besten Überlebenschancen, die die meiste Angst hatten." So stellt der Verhaltensforscher und Nobelpreisträger *Konrad Lorenz* fest[5]. Die Angst ist lebenserhaltend und sogar lebensnotwendig, für das Tier wie für den Menschen. „Die Angst gehört zu den großen Lehrmeistern des Lebens", sagen die modernen Existenzphilosophen. (Dies erinnert mich an den Ausruf meines Bergführers, der bei unserem Abstieg vom Gipfel einen Haufen schlecht ausgerüsteter und unerfahrener Sommerfrischler in der untersten Felswand herumturnen sah: „Die Leut' sind heute zu *dumm,* als daß sie *eine richtige Angst haben* können!")

Die Angst hat eine lebenserhaltende *Schutzfunktion.* Es ist unrichtig, die Angst nur als eine „bösartige Erscheinung" anzusehen. „Eine Angst von mäßiger Intensität treibt den Organismus an und verbessert die Leistung. Gemäßigte Formen der Angst dienen nicht nur der *Formung des kindlichen Verhaltens,* sondern können auch beim normalen Wachstumsprozeß entschieden als *Anreiz* wirken."[6] Der amerikanische Wissenschaftler *E. Levitt* (den ich schon einmal nannte) geht noch einen Schritt weiter und sagt: „Der Gedanke ist nicht von der Hand zu weisen, daß ein großer Teil des nie endenden menschlichen *Strebens,* das wir *Fortschritt* nennen, auf die eine oder andere Weise eine *Folge der Angst* sein könnte."[7]

Solche natürliche Strebsamkeit zeigt sich bereits im Kinde, wenn es danach drängt, seine Ängste abzulegen. Das Kind erlangt dadurch *die nächste Phase* seiner Entwicklung, es erreicht einen weiteren *Reifegrad* seiner Persönlichkeitsentfaltung.

Das Kind muß lernen, *mit der Angst* – mit *seiner* Angst! – *leben zu können.*

---

[5] K. Lorenz, Die instinktiven Grundlagen menschlicher Kultur, Berlin 1967.

[6] R. W. White, Lives in Progress, a study of the natural growth of personality, New York 1962.

[7] E. Levitt, Die Psychologie der Angst, Stuttgart 1973.